Ángeles, Demonios y Dioses del Nuevo Milenio

Ángeles, Demonios y Dioses del Nuevo Milenio

Meditaciones sobre la Magia Moderna

Lon Milo DuQuette

Los dioses de una era se convirtieron
en los demonios de la era
subsecuente. Los sacerdotes
esperan con ansia la era venidera
y sólo ponen su atención en
el fin del mundo.

Grupo Editorial Tomo, S. A. de C. V.
Nicolás San Juan 1043
03100 México, D. F.

1a. edición, abril 2002.

© *Angels, Demons & Gods of the New Millennium*
Lon Milo DuQuette
Primero publicado en 1997 por
Samuel Waiser, Inc.
P.O. Box 612
York Beach, ME 03910-0612

© 2002, Grupo Editorial Tomo, S. A. de C. V.
Nicolás San Juan 1043, Col. Del Valle
03100 México, D. F.
Tels. 5575-6615, 5575-8701 y 5575-0186
Fax. 5575-6695
http://www.grupotomo.com.mx
ISBN: 970-666-492-0
Miembro de la Cámara Nacional
de la Industria Editorial No. 2961

Traducción: Ana María Martín del Campo
Diseño de Portada: Luis Rutiaga
Ilustraciones y Formación Tipográfica: Luis Rutiaga
Supervisor de producción: Leonardo Figueroa

Impreso en México - *Printed in Mexico*

¡Elogio Anticipado!

El ocultismo con frecuencia cede a las críticas de sus detractores, al hacer reclamos intolerables respecto a poderes interpretados sin precisión, todos compuestos de teorías absurdas. Como Israel Regardie lo hizo antes, DuQuette evita esto, al escribir de su propia experiencia, con una buena dosis de catalizador de sentido común y un placentero sentido del humor.

Hymenaeus Beta Xº
Hermano Superior, O.T.O.

De hecho, DuQuette se ha colocado como uno de los talentos sobresalientes de la magia contemporánea.

Christopher S. Hyatt, Ph.D

El capítulo 7, Los Demonios son nuestros Amigos, es un clásico —la mejor explicación de la teoría del campo de lo mágico que se haya publicado hasta ahora.

Poke Runyo

Varios de los capítulos de este libro de la magia fueron escritos como pasatiempo y para la revisión crítica de la Srita. Judith Hawkins, a quien dedico con afecto este libro.

Contenido

Lista de Ilustraciones y Tablas

Prólogo

Mi primer contacto con el ocultismo lo tuve en 1966, cuando mi hermano Marc me prestó tres libros pequeños del Yogui Ramacharaka.[1] El primero, *The Hindu Yogi Practical Water Cure,* me introdujo a los horrores abominables que todavía yacen en estado de descomposición en la zona de mis intestinos. De inmediato me volví vegetariano y me embarqué en una búsqueda frenética de algo que me mejorara el colon. El segundo, *Science of Breath,* me enseñó lo fundamental del pranayama y el tercero, *Fourteen Lessons in Yogi Philosophy,* fue, y todavía es, la mejor introducción al ocultismo oriental que jamás se haya escrito.

Varios de estos libros fueron originalmente publicados a principios de siglo como cursos por correspondencia. Cada semana, los que estaban

---

1. Hasta la fecha la serie completa del Yogi Ramacharaka (William Walker Atkinson) es muy popular. Fue editada por Yogi Publications, Chicago. Algunas fechas de publicación se remontan hasta 1904 y todavía se pueden encontrar en librerías esotéricas o de new age (nueva era).

inscritos recibían una lección nueva por correo y tenían siete días para meditar sobre el material y llevar a cabo las prácticas indicadas. Si el estudiante se dedicaba a seguir el programa, al final de la serie de monografías, quedarían con el colon y los pulmones purificados y con un sano respeto hacia las ciencias espirituales del Oriente. El estilo de los escritos de Ramacharaka era sencillo, práctico y realista. Nunca menospreciaba a los estudiantes, más bien siempre parecía estar muy consciente de quienes leían sus escritos y se las arreglaba para transmitir conceptos exóticos con candidez y con una total ausencia de jactancia.

Los miembros de nuestra pequeña comuna hippy de Oregon estaban tan impresionados por los escritos del Yogui Ramacharaka y de su accesible método de enseñanza, que nosotros tomamos con orgullo el nombre de "La Clase del 04" (el nombre con el que Ramacharaka se refería a los que habían seguido, en 1904, la serie *Catorce Lecciones*. Para distinguirnos de nuestros vecinos carnívoros, hasta diseñamos una bandera roja que tenía la forma de una bolsa para enema y que ostentaba los números 04 en uno de sus lados.

Años más tarde, estudié las monografías de varias escuelas modernas dedicadas al estudio del misterio (consultar el capítulo 5) y me di cuenta de que todavía resonaba en mí, de manera positiva, este método de enseñanza.

Con el libro *Ángeles, Demonios y Dioses del Nuevo Milenio*, no pretendo copiar el estilo inimitable de Ramacharaka. Sin embargo, he procurado hacer de cada capítulo una entidad independiente, un ensayo literario separado de cada uno de los siete temas que creo son decisivos para poder comprender·la magia moderna.[2] Esto no quiere decir que no espero que el libro será leído como una obra unificada, pero es mi sincero deseo que los lectores se den un poco de tiempo para dejar que la magia de cada capítulo los prepare para el siguiente.

---

2. Por lo menos en cierto grado, creo que esto se ha logrado. Fragmentos de varios de los capítulos han sido publicados recientemente en revistas y antologías.

Reconocimientos

El autor ofrece su profundo agradecimiento a los siguientes Ángeles, Demonios y Dioses:

Nuit

Hadit

Ra-Hoor Khuit

Aiwass

Hymenaeus Beta

Constance DuQuette

Jean-Paul L. DuQuette

Judith Hawkins

Francis I. Regardie

James Wasserman

LeRoy Lauer

Poke Runyon

Chic Cicero

Tabatha Cicero

James Nobles

Babalon

Chaos

Baphomet

Aleister Crowley

Hymeaneus Alpha

Sabazius

I. Z. Gilford

Rick Potter

Christopher S. Hyatt, Ph.D.

Bishop James T. Graeb

Ganesha

Astarte

Soror Merel

S. Jason Black

Frater Sharash

Mansur El Halaj   Fra. Saladin

Sel Heidle   Dr. Timothy Leary

Massimo Mantovani   Rodney Orpheus

Jonathan Taylor   Orobas

Caroline Tilly   Hugo Angiano

Shawn Kelley   Rose Kelly Crowley

Michael Strader   Koin

Sandy Strader   Sally Glassman

Mark Shoemaker   soniznt

Kimberly Summers   Bill Heidrick

Michelle Catlet   Jeffrey Price

Thomas Tezlaff   Richard E. Buhler

El material que aquí se presenta se ha publicado en formas semejantes a través de varios años, ya que refleja mi manera de pensar en diversas etapas de mi vida. Agradezco a las siguientes editoriales por darme la oportunidad de reimprimir lo siguiente:

El *Capítulo III*, "La Tabla de Esmeralda de Hermes y la Invocación del Santo Ángel de la Guarda", que originalmente apareció en *The Golden Dawn Journal # 3*. Chic and Sandra Cicero, editors (St. Paul: Llewellyn, 1995).

El *Capítulo VI*, "Demonio sé mi Dios", que originalmente se publicó en *Rebels and Devils*. Christopher S. Hyatt, PhD., ed. (New Falcon Publications, 1996).

El *Capítulo VII*, "Los Demonios son Nuestros Amigos", que por primera vez de publicó en MEZLIM *Magazine*, Volume VII, Issue Number I (Cincinatti, OH: N'Chi, 1996).

Todas las citas de la obra *The Egyptian Book of the Dead* se han utilizado con la gentil aprobación, sacadas del *The Egiptian Book of the Dead: The Book of Going Forth by Day. Being the Papyrus of Ani (Royal Scribe of Divine Offerings) Written and Illustrated circa 1250 B.C.E. by Scribes and Artists Unkown.* Copyright © 1994 por James Wasserman, Dr.Raymond O. Faulkner & Dr. Ogden Goelet Jr., traducción de James Wasserman (San Francisco: Chronicle Books, 1994).

Todas las citas Bíblicas se han tomado de los *Manuscritos Orientales Antiguos.* Traducidos del Arameo por George M. Lamsa (Philadelphia, PA: A.J. Holman Company 1967).

Capítulo I

Confesión

*Él proclamará abiertamente por todas partes, su
vínculo con el A∴A∴ y hablará de Éste y sus
principios (aunque entienda poco de ellos)
porque ese misterio es el enemigo de la Verdad.*[1]

---

1. Aleister Crowley, de la obra The Task of the Probationer, Liber
Collegii Sancti — *Commentaries on the Holy Books and Other Papers*
(York Beach, ME: Samuel Weiser, 1966), p. 42.

I

Soy un thelemita.[2] Desde 1975 E.V., he estado invo-
lucrado activamente con sociedades mágicas que han
adoptado la Ley de Thelema y las enseñanzas de su
profeta, Aleister Crowley. Sin embargo, en este libro
no actúo como vocero de ninguna asociación, ni tampoco deberá considerarse el material que presento
como indicativo de los métodos de enseñanza o procedimientos de ninguna organización. No obstante,
como este trabajo, en parte se concentra en la espiri-
tualidad universal del iluminismo desarrollado por
Crowley para la gran sociedad mágica que él deno-
minó la A∴A∴, es de mi incumbencia que desde el
inicio aclare mi relación (o falta de relación) con esta
fraternidad. Para el lector que no esté familiarizado
con la A∴A∴ y su trabajo, me permito hacer una cita
breve de *The Magick of Thelema*.[3]

---

2. Del griego θελημα-Will, un Thelemita es cualquiera que basa su
   filosofía y su conducta personal en tratar de descubrir y llevar a cabo
   su verdadera voluntad. El término se originó en *Liber AL vel Legis* (El
   Libro de la Ley), el principal Libro Sagrado de Thelema, quien lo dictó
   a Aleister Crowley en 1904 por un pretor de inteligencia humana que
   se llamaba a sí mismo Aiwass. Consultar *The Magick of Thelema* (York
   Beach, ME: Samuel Weiser, 1993).

3. *Magick of Thelema*, capítulo 11, páginas 216-217.

Crowley y George Cecil Jones fundaron la A∴ A∴[4] en 1907. Basada en el sistema de rangos del Amanecer Dorado de la fraternidad clásica de los Rosacruces, la A∴A∴ exige que el Mago realmente logre los estados conscientes y los poderes comprendidos en cada uno de los diez sefirot, (reinos o planos), es decir, el Mago es sólo un Adeptus Minor cuando por fin ha logrado el Conocimiento y la Conversación del Santo Angel Guardián.

La A∴A∴ no es un sistema de logia y es totalmente secreta. Es una orden que pone a prueba y no una que enseñe. El aspirante, conoce oficialmente sólo a una persona en la Orden, a su superior. A cada Mago, por lo general, se le deja sólo para que haga el trabajo como mejor juzgue conveniente. Lo ideal es que el contacto con el superior sea breve y poco frecuente, y se distingue por estar basado en sugerencias más que en instrucción. El ascenso al siguiente grado es escuetamente un sello sobre un logro.

A la fecha existe un número de individuos que tuvieron una relación formal con la A∴A∴ de Crowley o con alguno de sus discípulos. Varias de estas personas han optado por continuar aceptando discípulos, quienes a su vez admiten a otros estudiantes, etc., etc. Como la naturaleza

---

4. Comúnmente se cree que A∴A∴ significa Argenteum Astrum (La Estrella Plateada). Se me ha informado, con fundamento, que no es así.

de estas relaciones es secreta, no hay manera,
fuera de la afiliación, de medir la calidad del
trabajo mágico que se ha realizado.

Como se ha indicado en la cita anterior, la A∴A∴
debió funcionar desde un principio a través de una
cadena continua de maestros, en la que éstos han
alcanzado un grado más de avance respecto a sus estudiantes. Las personas en periodo de prueba son
supervisadas por un Neófito, quien a su vez, es contro-
lado por un Celador, a quien supervisa un *Practicus*,
cuya vigilancia está a cargo de un Filósofo, que es
observado por un *Dominus Liminis*, el cual es discípulo de un *Adeptus Minor*, etc., hasta llegar al *Ipsissimus*,
para después remontarse hasta Aleister Crowley.

Para aquellos cuya fe en la eficacia y legitimidad de la A∴A∴, depende de la existencia de un
grupo de adeptos que forman una cadena ininter-
rumpida, debo comunicarles con tristeza que no he
encontrado evidencia alguna que sugiera que realmente exista. Según mi entender, hasta el más fuerte
linaje de A∴A∴ se basa en la tutoría de individuos
que pueden o pudieron presentar sólo papeleo de
personas a prueba, o de Neófitos relacionados con
Crowley, o bien de quienes tienen muchas otras
rupturas e irregularidades en la cadena. El que busca
con sinceridad, al saber que este es el caso, deberá
decidir si la cacería de este papel mágico, es o **no es**
realmente importante para el trabajo inmediato.

La mitología tradicional sostiene que la A∴A∴ ha existido desde el despertar de la conciencia y que es a la vez, el catalizador y el vehículo o transmisor de la evolución espiritual de la humanidad. Los grandes avatares y figuras espirituales del pasado, como Fu-Hsi, Lao-Tze, Guatama, Zerdusht, Pitágoras, Dionisio, Osiris, Apolonio, Plotino, Mahoma y otros más, son identificados por Crowley como emisarios y representantes de la A∴A∴[5] Hasta Helena Petrovna Blavatsky, quien nunca, hasta donde yo sé, tuvo en su poder ningún papel de la A∴A∴ que la reconociera como tal, era considerada por Crowley como un $8° = 3^{\square}$, Maestro del Templo en la A∴A∴. Con esto en mente, ¿no es un poco ingenuo creer que un grupo de tan poderosa universalidad cósmica, pudiera quedar limitado a un puñado de individuos que fueron capaces de exhibir un documento probatorio acreditándolos como discípulos *bona fide* (de buena fe) de un estudiante también de buena fe de Aleister Crowley?

¿Qué constituye entonces la afiliación de la A∴A∴? Todos tenemos derecho a nuestra propia opinión, pero tengo la firme creencia de que nadie debería atreverse a contestar esa pregunta si se encontrara en el lugar de otro. Estoy consciente de lo que creo que es el trabajo que la A∴A∴ lleva a cabo

---

5. Para mayor exactitud, la Orden del S∴S∴, los tres Grados más altos de la A∴A∴. Consultar la obra de Crowley *The Heart of the Master*, páginas 102-115 (Scottsdale, AZ: New Falcon, 1992). Primera edición 1938 por Ordo Templi Orientis.

en nuestros días en todo el mundo. Asimismo, me percato de las actividades de las llamadas Logias, individuos y organizaciones que pretenden ser *la entrada* a la A∴A∴, y no descarto la posibilidad de que algunos de estos grupos estén dirigidos por "Cancilleres" que se asignaron a sí mismos como tales, así como de otros hierofantes, intérpretes de misterios, convencidos de que su nivel de omnisciencia espiritual es lo suficientemente elevado para permitirles evaluar con precisión el peldaño exacto en el que se encuentra un aspirante respecto a la escala de iniciación. Algunas entrevistas con miembros actuales u otras personas que pertenecieron a tales grupos, reflejan con frecuencia la imagen de un liderazgo extremadamente preocupado por reforzar una obediencia incuestionable a la jerarquía. Una avenencia en la forma de pensar, unida al énfasis de un esnobismo por los rangos y categorías, así como un programa de exámenes que requieren respuestas uniformadas a preguntas también uniformadas, asegura con eficacia que *la mayoría* de los estudiantes nunca lleguen a ser lo suficientemente iluminados, como para descubrir a los torpes y necios que con ostentación y engaño llevan la voz cantante. En mi opinión, tales actividades no representan los principios fundamentales de la A∴A∴ y son, sin duda alguna, la antítesis de la fórmula Thelémica.

Pero, ¡mi opinión no es importante! Irónicamente, por ser lo que es la naturaleza de la magia, *ambas* categorías mencionadas, son capaces de producir adeptos, débiles mentales o monstruos. *Este presentimiento* es tan cierto en el mundo espiritual mercantil como un lote de carros usados. Pero aún en el caso de una evidente farsa, no me toca a mí, a ti o a nadie más juzgar si la Gran Labor de la A∴A∴ se está llevando a cabo ya que las auténticas relaciones con la Orden se dan en el corazón del aspirante. Si este vínculo es genuino, entonces no importa si el contacto en carne y hueso es de un santo o un villano. Hasta cierto punto este nivel de una ambigüedad profunda, coloca a la A∴A∴ posterior a Crowley, en un plano muy ingenioso y místico, en un lugar en donde nadie, si se espera que se le tome con seriedad, tiene derecho a desafiar la legitimidad de un reclamo que alguien más quiera hacer con respecto a la A∴A∴.

Cuando me sentí impulsado a afiliarme a la Orden, no tenía la menor idea de si alguna vez habría de toparme con un contacto auténtico, así que simplemente escribí a máquina mi Juramento en periodo Probatorio,[6] lo leí en voz alta y lo firmé. Después, como un buen Martinista,[7] seguí el rito y quemé el papel pues era la única forma que conocía para consignarlo a la eternidad, a un lugar en donde mi firma nunca podría ser destruida o borrada. Estaba

---

6. Consultar la nota al pie número 3.

7. Durante una de las primeras ceremonias de iniciación de la Orden Martinista Tradicional, el oficiante quema el Juramento de Precepto inmediatamente después que el candidato lo ha firmado.

convencido de que una oblación tan sincera no podía pasar desapercibida por los Jefes Secretos.

Unos cuantos meses después, descubrí a una persona que alguna vez había estado en periodo Probatorio, bajo la tutela de un discípulo de Crowley, también en periodo de prueba, y había sido residente de su siniestra Abadía de Thelema en Cefalú, Sicilia. Esta encantadora mujer era inteligente y bien informada sobre la magia de Thelema, y había conocido en persona a muchos de los personajes pintorescos que en el pasado fueron estrellas del firmamento mágico. No me afectó el hecho de que nunca se le había reconocido como Neófita (y por lo mismo, técnicamente desautorizada para dirigir a alguien en periodo Probatorio) y, como parecía improbable que yo encontrara un vínculo más idóneo hacia la A∴A∴, la persuadí de que firmara mi documento como persona en periodo probatorio.

Inspirado por la imaginación de ser un enlace en tan extraordinaria y santa cadena, me puse a trabajar en el monasterio con el fervor y la seriedad de un novicio. Con toda religiosidad me tracé y apegué a un régimen estricto de prácticas diarias que incluían rituales antes del amanecer como yoga, meditación, pranayama, ritos vespertinos y oraciones. Guardaba un récord de éstas y las comentaba en un diario formal que periódicamente enviaba a mi superior para sus comentarios. Mi esposa y mi hijo fueron muy comprensivos conmigo, o por lo menos tolerantes del nuevo estilo de vida de papá y de su extraña vestimenta.

Un año después firmé y quemé el Juramento Probatorio en privado, y repetí la ceremonia con el Juramento del Neófito. Meses más tarde viajé a la casa de mi superior, le entregué mi último diario y dije de memoria el capítulo correspondiente al Libro LXV. Recité la Tarea del Neófito, realicé todas las ceremonias necesarias y después como había hecho con mi documento Probatorio, mi maestra firmó de manera informal el de Neófito y nos sentamos a comer con toda calma. Este es el comprobante de mayor nivel y el más formal de la A∴A∴ que poseo.

Seguí con mis disciplinas bajo su supervisión por casi cuatro años más, durante los cuales se me presentaron dificultades financieras y problemas de salud que fueron causa de penosas distracciones. Más tarde, tras un desacuerdo sobre la honestidad y el carácter de otro estudiante, me asignó "la tarea de la A∴A∴" de meditar hasta que estuviera de acuerdo con ella en el tema, luego, en silencio y por acuerdo mutuo, suspendimos nuestra relación formal. Aún conservamos una amistad cordial, nunca dejo de llamarla cada año para recordarle que ha olvidado otra vez mi cumpleaños y parece que ambos somos felices de mantener esa forma de relación.

Al revisar mis diarios y nuestras cartas, concluyo que tal vez los dos esperábamos mucho el uno del otro. En aquel tiempo ella tenía tan poca experiencia como instructora de lo mágico como yo la tenía de estudiante. Pienso que fue la maestra perfecta porque de ella aprendí la primera y más importante lección de la magia: —debo aprender mis lecciones por mí mismo.

Hasta ahora, continúo mi trabajo sobre la magia y no siento que mi afiliación, mis responsabilidades o mi trabajo hayan sido, en ninguna forma interrumpidos. Me he dado cuenta de que la A∴A∴, es una orden más grande y profunda de lo que yo pensaba. Todavía creo que es muy importante buscar y encontrar un tutor personal de magia de carne y hueso, y por tal motivo exhorto a cualquiera que tenga intenciones serias respecto este trabajo, para que con toda tenacidad siga con afán la búsqueda. El estímulo psicológico de saber que eres parte de una hermandad espiritual seria e ilustre, es realmente lo único que te impulsará a sobrellevar las inevitables noches oscuras del alma. Sin embargo, es bueno tener en cuenta, que ningún individuo, sin importar cuán iluminado sea, puede proyectar poder o iluminación sobre ti. Aprenderás con mayor rapidez tus mejores lecciones a pesar de los esfuerzos de tus maestros y no debido a ellos.

Temas tales como los que yo ubico en forma preclara, en la parte baja del Arbol de la Vida,[8] los podrán descifrar con facilidad todos aquellos que creen que los pueden juzgar. Quizá es poco pertinente que

---

8. Consultar los capítulos 2 y 3.

yo haya pasado los últimos treinta años en la búsqueda del esclarecimiento espiritual, porque por cada hora que he caminado sin rumbo hacia la luz, he malgastado meses huyendo de mí mismo y del Gran Trabajo.

¿Por qué entonces una persona poseída de tan dudosas y corrompidas creencias se atreve a escribir con una supuesta autoridad sobre temas tan importantes? La respuesta es sencilla y la comparto con ustedes, sin orgullo ni vergüenza. Es porque en alguna parte, durante el trayecto del camino mágico, sin darme cuenta de cómo, cuándo y por qué sucedió, adquirí lo que hubiera llamado en mi juventud como militante espiritual, una mesurada modestia de felicidad iluminada. Lo que es más, después de revisar mis diarios espirituales he llegado hasta el vértigo para comprender que la letanía de fracasos y la comedia de errores que marcan la crónica de mi carrera mágica, representan una historia con tanto éxito como cualquiera de las que me han salido al encuentro.

Por supuesto que estás en libertad de compadecerme y pensar que soy un tonto iluso, sin esperanzas. Después de todo, algunos creen que la felicidad es lo que experimentas cuando no tienes ni la menor idea de lo que es una situación real. Pero por favor no permitas que te desanime mi excesivo optimismo. La verdad más simple y también la principal, implícita en este dulce misterio es una verdad universal, y tarde o temprano, si has dado aunque sea un paso sobre la ruta mágica, también abrazarás esta revelación como lo harías con un viejo amigo. Te guste o no, querido mago, la letanía de fracasos y la comedia de errores que marcarán la crónica de *tu* carrera mágica serán nada menos que una historia de triunfo que de otra manera nunca te saldría al encuentro.

Hacer lo que deseas será la totalidad de la Ley.

El Amor es la Ley, amor bajo la voluntad.

Capítulo II

La Cábala,
el Zen de Occidente

(¿Es esto Kosher?)

El camino que se puede narrar
no es el camino constante;
El nombre que se puede titular
no es el nombre perenne.

—*Lao Tse*
Tao Te Ching[1]

---

1. Lao Tse, *Tao Te Ching,* traducción de D.C..Lau (Baltimore, MD: Penguin Books, 1968), p. 57.

II

Creo que se puede decir que soy del oeste en toda la extensión de la palabra. Nací en 1948 en Long Beach, California, de padres descendientes de Europeos y de Nativos Americanos. Me alimenté de pan blanco, carne y papas, y crecí hasta llegar a la edad adulta en medio de las llanuras fértiles del Este de Nebraska, en donde se me anestesió con las doctrinas ambiguas del Metodismo. No conocí a ningún judío, ateo o a personas de color antes de los 20 años y me casé con mi novia de la preparatoria a la edad de 18 años, justo a tiempo para "conectarme, vibrar y escapar" hacia la región boscosa del sur de Oregon.

Como muchos otros de mi generación, me vi envuelto en una rebeldía incondicional en contra de las instituciones y filosofías que yo consideraba eran fuente y perpetuidad de todos los males del mundo. Me aferré al radicalismo político y al naturismo con igual fervor, y por convicción abandoné la fe de mis padres, sin ninguna discusión, remordimiento o titubeo. Empecé de nuevo con los ímpetus que da la juventud e ingenuamente reté a la providencia a que sin piedad me alimentara de la verdad pura.

Era inevitable que algo llenara ese vacío espiritual, y aunque parezca paradójico, mi rechazo a todo lo antiguo y obsoleto no me desanimó en lo más mínimo como para seguir investigando todas las cosas *en extremo* antiguas y *en extremo* obsoletas. Sentía una fuerte atracción hacia el Hinduismo y el Budismo Tibetano, a su enfoque científico sobre la iluminación personal, pero lo que más atrajo mi atención fue la profunda sencillez de un pequeño libro de menos de cien páginas —el *Tao Te Ching* de Lao Tse. Este clásico sin edad de la sabiduría china, me habló de un camino sin nombre que va a la acción a través de la inactividad y de la inercia, del existir al no existir, paradojas de la lógica y del comportamiento que sólo se logran por aquellos que han trascendido todos los deseos, las ambiciones y el egoísmo. Confucio bebió a profundidad del pozo de sabiduría del *Tao Te Ching* y es evidente que fundamentó en su interpretación de ese texto, sus maravillosos conceptos del *I Ching*.

Hasta cierto punto, al Tao se le puede interpretar como "la razón", o con mayor precisión, como a los inescrutables componentes del pensamiento que nos permiten captar la realidad que está detrás de todo lo que percibimos. En un mundo de formas ilusorias y cambiables, la realidad única es una "apariencia" que nos obliga a establecer vínculos con una mezcla variada de ensueños, que nosotros por error, avizoramos como una realidad objetiva. Se dice que el *Tao* es insondable porque no podemos comprender con exactitud esa "apariencia", porque el mismo proceso racional le estorba.

Todo lo que creemos que sabemos respecto a *cualquier cosa* es resultado de nuestra habilidad para observar su comportamiento a través de una serie de movimientos consecutivos. Por esta razón, al *Tao* se le conoce como "el camino" y se cree que reside en el movimiento más que en lo que se mueve.

La posibilidad de aplicar los principios del *Tao* a nuestra vida personal se convierte en una tarea en extremo tenue, y en especial apropiada para el razonamiento calmado y el temperamento introspectivo de la psique oriental. Me disculpo si esto suena un tanto protector o condescendiente ya que la diversidad humana merece encomios y no se debe herir la sensibilidad de nadie cuando observo que los enfoques del esclarecimiento espiritual, característicos de las ciencias espirituales del Oriente, estimulan al individuo a volver la mirada hacia su interior para poder descubrir la verdadera naturaleza de sí mismo y de Dios. A la inversa, la tradición Occidental promueve que el individuo busque las respuestas en el exterior, en la Sagradas Escrituras, en los rituales, en las maquinaciones eclesiásticas y en las súplicas devotas a un Dios que está fuera de uno mismo.

Por muchos años creí en el enfoque oriental para poder convertirme en un ser superior. Me vislumbré en el proceso de adquirir, con toda calma, la iluminación, mientras me sentaba a la orilla del estanque de koi con las piernas impecablemente entrelazadas, en una posición total de loto, mis ojos concentrados en el chakra ajna, ubicado en el centro del entrecejo, con la cabeza rapada que brillaba con la luz del sol, filtrada a través de las hojas de los árboles de mi fresco y apacible jardín Zen. El hecho es que pasaba la mayor parte de mi tiempo haciendo precisamente eso... (bueno, nunca pude tener mi jardín Zen) y aunque no logré el estado de nirvana o de mahashamadhi, pude registrar en mi diario, varios acontecimientos clásicos, reconocibles e importantes. Pero aún así, sentí que de alguna manera iba contra mi carácter y naturaleza como si estuviera tratando de accionar un sistema operativo (software) oriental con mis dispositivos, equipo y accesorios (hardware) occidentales. Lamentaba el hecho de que no existieran técnicas y disciplinas únicas en su género para la psique occidental... yoga o zen occidentales.

Me fue imposible encontrar un documento comparable al *Tao Te Ching* y por otro lado, todo lo que se anunciaba como misticismo occidental parecía tan sobrecargado de odio a uno mismo y de sentimientos de culpa, que abandoné por completo mis investigaciones en esa dirección. Sin embargo, no me di por vencido en la búsqueda de un camino occidental y eventualmente mis peculiares y minuciosos estudios me pusieron en contacto con las tradiciones de la Francmasonería esotérica, los Caballeros Templarios, los Rosacruces y la mágica ceremonial.

En ese entonces, refugiado entre doctrinas apó-
crifas y herejías reprimidas, descubrí el origen de una
rica práctica occidental llena de matices, que parecía
haber pasado virtualmente desapercibida e ignora-
da por la opinión de las principales corrientes de
historiadores y de clérigos. Así fue que encontré un
antiguo y elemental fuego que ardía en el centro de
la política, las ciencias y las religiones del Occidente,
de la misma manera en que el *Tao* enciende la llama
del pensamiento oriental. Este tesoro espiritual no es
un libro, a pesar de que se expresa en múltiples
escritos. No es una religión, no obstante que venera
las Sagradas Escrituras de los judíos. No es una filosofía, aunque ha influenciado a las grandes mentes
de la Civilización Occidental, desde Platón y Pitágoras hasta Kant y Spinoza. No es ni astronomía ni
química ni física, pero es la madrina de las tres. Es
"un camino", una forma de percibir el mundo, a
nosotros mismos y a la Deidad; y una vía que perfila
el curso del retorno a la naturaleza Divina. Es el
Camino Occidental. Es la Cábala.

> *…Las cosas a que estás expuesto*
> *al leer la Biblia…*
> *no son necesariamente así.*
>
> —*Ira Gershwin*
> *Porgy and Bess*

Ya sea que lo quieras admitir o no, las historias míticas
de la Biblia están grabadas de manera indeleble en la

psique colectiva de la civilización occidental y nos proporcionan el fundamento de nuestras leyes, nuestra moral y los arquetipos de nuestras aspiraciones espirituales. También pasan por encima de nuestros temores, nuestras inseguridades y aun de nuestras pesadillas. El enigmático entorno de la política del Medio Oriente, que durante la segunda mitad del siglo XX, ha amenazado con envolver a todo el mundo en conflictos armados, puede ser el culpable, por lo menos en parte, de la belicosa creencia de que ellos son descendientes de uno u otro hermano en la historia bíblica.

En la escuela de catequesis dominical, se me enseñó que los libros de la Biblia habían sido escritos por Dios mismo[2] a través de la mediación de hombres anónimos a quienes eligió y dio la potestad para canalizar sus palabras para que se publicaran más tarde. Aseguró una serie de milagros para que la pureza cósmica de estas palabras sobreviviera a las traducciones para los principales idiomas del mundo.

Desde la infancia me era imposible creer en esos argumentos. Creía que las historias Bíblicas eran como esas mentirillas inocentes que los adultos les cuentan a los niños, como la de Santa Claus. Estaba seguro de que tarde o temprano, mis mayores me dirían la verdad acerca de Dios y de la Biblia, y

---

2. Nunca se nos ocurrió ni a mí ni a mis compañeros preguntar sobre el sexo de Dios.

me revelarían una realidad más amplia y más madura, que con seguridad se encontraba detrás de todos esos engaños. Conforme fui creciendo, me di cuenta, con dolorosa certeza, de que estas personas no eran conscientes de ninguna otra verdad y de que algunos de ellos creían realmente en esas tonterías. El hecho de que mis modelos, colosos de la Biblia, una y otra vez utilizaban la expresión "Palabra de Dios" para justificar la guerra, el maltrato a menores, el antisemitismo, la discriminación racial y una letanía de asquerosas arbitrariedades, me fue obligando fortuitamente a rechazar al Dios de Abraham y a mirar todo lo relacionado con la Biblia con un amargo cinismo. Me di cuenta de lo que el uso inadecuado de la Biblia puede ocasionar en las personas y no me interesaba añadir mi nombre al Libro de la Vida del Cordero, en especial si significaba pasar toda una eternidad con esos bobalicones.

Es de entenderse el gran escepticismo con el que empecé el estudio de la Cábala —una disciplina espiritual, supuestamente basada en las "Sagradas Escrituras". Aún así, me acerqué a ella, quizá porque estaba obsesionado por un sueño infantil de que tal vez hubiera una sabiduría oculta, enterrada en esas crueles y violentas narraciones de fanfarrones del desierto, pastores de cabras lujuriosos y reyes asesinos.

Al principio me molestó bastante advertir que, como decían mis bien intencionados y semiconscientes maestros de la Escuela Dominical, *la tradición*

Cabalística también sostuviera que ciertos textos bíblicos provienen de la inspiración divina; que cada palabra y cada letra se formaron y se fueron colocando por sabios iluminados, o por Dios mismo, en un esfuerzo de comunicar secretos inefables a futuros investigadores espirituales. Sin embargo, conforme me fui adentrando a profundidad en los textos originales,[3] descubrí lo que parecían ser elementos de cosmología egipcia, persa, védica, neoplatónica y aún gnóstica, expresados como si fueran dilucidaciones eruditas de versículos bíblicos. Estos comentarios adoptaban doctrinas espirituales radicales que apenas si se podían interpretar como judaísmo ortodoxo. La herejía siempre ha sido un asunto muy serio para los judíos piadosos, pero aún así, ahí estaba, frente a mí, una capitulación cuasi monoteísta de los más grandes éxitos del mundo pagano. Por lo visto, mientras las "Sagradas Escrituras" se utilizaran como un trampolín para un debate, los padres fundadores del misticismo hebreo tenían la libertad de elevarse hasta maravillosas alturas, aunque fueran técnicamente heréticas.

Cuando algunos miembros de la etnia yoruba de la región occidental de Africa fueron traídos como esclavos al nuevo mundo, continuaron venerando la enorme rauda de seres espirituales de su tierra natal.

---

3. Muy en especial, *The Bahir*, por Aryeh Kaplan (York Beach ME: Samuel Weiser, 1989), *Sefer Yetzirah*, traducido por Aryeh Kaplan ((York Beach, ME: Samuel Weiser, 1990) y *The Zohar*, traducido por M. Simon y H. Sperling (New York: Bennet, 1959).

Sin embargo, por su propia seguridad, disfrazaban a sus *Orishás* (ánimas) como si fueran santos o espíritus divinos del Catolicismo romano. El resultado de esto se puede constatar en nuestros días como el Candomblé Brasileño y otras sectas populares. De igual manera, en la época en que se constituían las doctrinas y las disciplinas de la Cábala, los judíos también eran esclavos y los mantenían cautivos en las ciudades estatales que se encontraban en la encrucijada del mundo del comercio y de las ideas.

En lugar de encubrir su culto con imágenes de la religión de quienes los habían capturado, como lo harían los yorubas siglos después, tal parece que los místicos hebreos hicieron exactamente lo opuesto. Ellos adoptaron muchas de las nuevas ideas y conceptos de sus maestros y después las enmascararon con la terminología y las imágenes de judaísmo tradicional.

El pensamiento cabalístico es en extremo diferente al judaísmo rabínico. Lo más sorprendente es la doctrina en la que el Dios de las narraciones bíblicas exotéricas, (es decir, las que son enseñadas públicamente), imagen del padre posesivo, vengativo y abusivo con el niño, no es en realidad la del Ser Supremo. Ese honor se lo lleva una totalidad insondable, preexistente y negativa llamada *Ain Soph* —una nulidad o un gran Cero, del cual emana el Único y posteriormente las masas. Este concepto se compara al argumento de la creación de la cosmología védica y budista (sin mencionar el "fuerte impacto" de la metafísica).

Aunque hay quienes estarían en desacuerdo conmigo, creo que la relación de la Cábala con la Biblia y el judaísmo es, esencialmente, más sectaria que las adivinanzas de un koan de un maestro Zen. Es por completo irrelevante, si uno cree o no que exista alguna santidad intrínseca en las Sagradas Escrituras. La Verdad es la Verdad —y si la Verdad es lo bastante universal como para merecer una "V" mayúscula, entonces puede encontrarse en todas partes y en todas las cosas. Si creo que un estudiante de Zen puede lograr esclarecimiento al meditar sobre la esencia del estiércol de un caballo, hasta que la naturaleza de Buda se le manifieste en su interior, entonces tendré que admitir que un estudiante de la Cábala puede alcanzar la iluminación por la disección y análisis de las palabras y las frases de la Biblia. Ambos logran el mismo fin, pero por medio de técnicas radicalmente diferentes.

El místico oriental aquieta el cuerpo y la mente y de forma sistemática los despoja de los velos de las sensaciones, los deseos y del ego hasta que algo se rompe —la mente trasciende, se logra un profundo *vacío* y de repente desaparece la diferencia entre el que percibe y lo que se percibe.

A la inversa, la Cábala bombardea la mente, formula paralelos y correspondencias entre absolutamente todo y absolutamente todo lo demás, hasta que no quede *ninguna otra cosa*. Finalmente algo se rompe —la mente trasciende y se logra una profunda *plenitud* y de repente desaparece la diferencia entre el que percibe y lo que se percibe.

En su obra maestra, *Liber Aleph: The Book of Wisdom and Folly*,[4] Aleister Crowley describe la finalidad de este yoga mental mientras se dirige a su "Hijo Mágico".

Hijo mío, estudia con mucha constancia el Arte de la Sagrada Cábala. Comprende que en esto, las conexiones entre los Números, aunque sean extraordinarias en cuanto a Poder y Superabundantes en Conocimientos, no dejan de ser sino Cosas de menor importancia. Ya que el Trabajo consiste en reducir a todos los demás Conceptos, a los que se refieren al Número, porque así pondrás de manifiesto la Estructura misma de la Mente, cuya regla es la Necesidad antes que el Prejuicio. No será sino hasta que el Universo quede al descubierto y desnudo frente a ti, que lo podrás anatomizar y analizar. Las Tendencias de tu Mente yacen a mayor profundidad que cualquier Pensamiento, porque son las Condiciones y las Leyes del Pensamiento las que debes reducir a la Nada.

---

4. Aleister Crowley, *Liber Aleph vel* CXI: *The Book of Wisdom or Folly*, Equinox Volumen III Número VI (York Beach, ME: Samuel Weiser, 1991), p. 2.

Para poder "reducir todos los conceptos referentes al número y desnudar la estructura misma" de la mente, los Cabalistas utilizan una infinidad de técnicas, incluyendo el uso de una numerología divina, que se le conoce como *Gematria*, (del griego geometría), un sistema abreviado conocido como *Notariqon*, y los ejercicios criptográficos de *Temura*. En el espacio que se me permite trataré de describir los principios fundamentales de estas técnicas.

Pero, antes de empezar el análisis de estas operaciones, creo que es conveniente decir unas cuantas palabras acerca de una estrategia Cabalística relativamente moderna: *El Árbol de la Vida*. Digo "moderna", porque el Árbol, tal como está constituido en la actualidad, no surgió sino hasta 1652, cuando Athanasius Kircher, publicó el diagrama en su obra *Oedipus Ægyptiacus*. Sin embargo, los componentes del Árbol se encuentran entre los principios más antiguos de la doctrina Cabalística.

El Árbol de la Vida

El *Árbol de la Vida* (Figura 1) es una gráfica o diagrama lineal de diez emanaciones y veintidós vías, sobre las que se proyectan la mecánica universal de la energía y del estado consciente. En cierto aspecto es un diagrama poco satisfactorio, ya que trata de medir lo que no tiene dimensiones. Se le ha llamado el diagrama de la anatomía de Dios y si en realidad fuimos

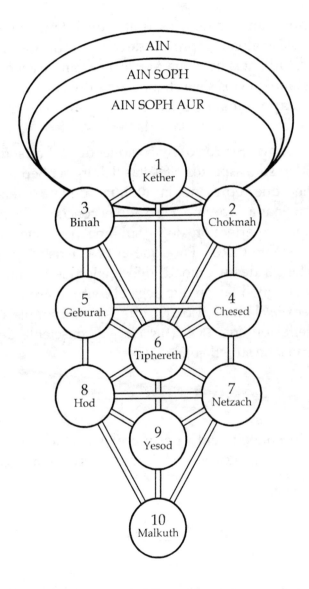

Figura 1. El Árbol de la Vida

creados a imagen de Dios, quiere decir también que revela la anatomía espiritual de cada uno de nosotros. Los estudiantes del yoga *Kundalini* están de acuerdo y señalan que los siete chakras o centros espirituales del cuerpo humano, pueden proyectarse con facilidad sobre el Árbol de la Vida.

Los diez Sefirot, o emanaciones del Árbol, son en realidad sólo aspectos o facetas del primer Sephirah, Kether, que representa la totalidad de la existencia —el mónada supremo. Pero aún el concepto de UNO es una imperfección de la sublime perfección del preexistente CERO.[5] Para que el UNO exista y tome conciencia de su unidad, debe reflejarse (como un yogui en meditación que llega al centro o esencia de su ser y exclame: "¡Eso es lo que soy!") El simple acto de reflexión crea DOS: (UNO es ya consciente de sí mismo *y* de su reflejo).

$$1$$
$$\diagdown$$
$$2$$

El conocimiento de que existe una *diferencia* entre UNO y DOS, automáticamente crea una tercera condición:

_____

5. La negatividad preexistente se expresa como *Ain* (Nada), *Ain Soph* (Sin Límite) y *Ain Soph Aur* (La Luz sin Límite).

Esta "trinidad", por sí misma, es todavía un concepto abstracto y existe sólo en potencia. Sin embargo, se ha establecido un modelo fundamental por el proceso del UNO que se torna TRES. Este arquetipo original pone en movimiento una reacción en cadena que da vida al escenario entero de la creación —el proceso del estado consciente/la luz/el espíritu que desciende hasta la materia.

El universo excepcional se manifiesta a través de un proceso de degeneración en los siete siguientes Sefirot. La tríada o unidad trinitaria CUATRO-CINCO-SEIS se crea por el reflejo de la unidad UNO-DOS-TRES:

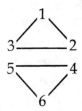

y el mismo proceso que creó el TRES del UNO-DOS crea la tercera tríada o unidad trinitaria de SIETE-OCHO-NUEVE:

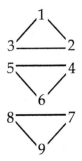

El DIEZ, el mundo de la materia, es lo más profundo y cuelga del Árbol de la Vida como una idea tardía de la creación:

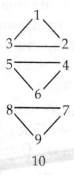

El Gran Trabajo de un iniciado/mago, es revertir el proceso y sistemáticamente escalar el Árbol de la Vida, superando los desequilibrios y las imperfecciones de su propio ser, hasta lograr de forma progresiva, estados elevados de conciencia. Toda la jornada es una serie de pruebas severas, pero dos de las crisis son las más significativas. La primera llega cuando el candidato alcanza el Sexto Sefirot, Tiphereth, y logra el Conocimiento y la Comunicación con el Santo Ángel Guardián.[6] La segunda es muy terrible y representa el momento singular y más profundo de nuestras encarnaciones. Sólo se enfrenta cuando el iniciado ha logrado un nivel de conciencia tan elevado que, para seguir adelante, requiere el abandono

---

6. Consultar el Capítulo III, "The Emerald Tablet of Hermes and the Invocation of the Holy Guardian Angel". (La Tabla de Esmeralda de Hermes y la Invocación del Santo Ángel Guardián).

de toda la antigua maquinaria de la identidad personal y de la percepción. En forma casi literal, significa la aniquilación[7] de todo lo que hasta ese momento, el individuo haya creído que son los componentes de la personalidad y de la identidad propia.

En el Árbol de la Vida, esta crisis se presenta cuando el curso de iniciación del candidato considera que está listo para proseguir hacia el nivel de conciencia, representado por el Cuarto Sephirah (el punto más elevado del "presente") y hacia el vacío inescrutable del Tercer Sephirah de la Excelsa Tríada (el mundo de lo "ideal"). No hay camino que lleve del CUATRO al TRES. Se abre un abismo de misterio indescriptible ante el candidato, quien debe depender exclusivamente de la inmensa atracción gravitacional del TRES y en su propio impulso introductorio que lo lance a través del espejo del Abismo.

Nadie, cuyo punto de percepción esté por debajo del Abismo, está preparado para comprender la naturaleza de la realidad que se encuentra sobre este Abismo. Se dice que debajo del Abismo, la división es el resultado de la contradicción, mientras que sobre el Abismo la contradicción es unidad.

Existen muchas otras formas en las que el Árbol de la Vida se utiliza para ilustrar las divisiones del universo Cabalístico, pero ahora dirijamos nuestra atención a algunas de las técnicas y ejercicios que se

---

7. "Él encontrará la aniquilación en donde el ya perfeccionado encuentra la inmortalidad", *The Buddha*.

han usado por tradición, para inducir los estados elevados de conciencia en los que se puede hacer conexión con la mente de Dios.

Gematria

Por tradición, veintidós letras hebreas forman el alfabeto sagrado en el que se basó Dios para crear todas las cosas (*Dios dijo "cerdo C-E-R-D-O" y apareció el cerdo... pero no toquéis*). De forma significativa Dios dio a los ángeles este lenguaje sagrado y los ángeles se lo transmitieron a Adán. Todas las cosas en el cielo y en la tierra son expresiones de estas letras o números divinos y viceversa. Si pudiéramos observar cualquier objeto tras un microscopio mágico, veríamos que sus componentes fundamentales tienen infinidad de combinaciones, relaciones y proporciones. Del mismo modo, si pudiéramos mirar y examinar con un telescopio mágico con gran angular, la totalidad del cosmos, estas mismas letras circunscribirían todas las funciones de la materia, la energía y la conciencia.

Cada letra tiene una definición especial y se puede interpretar de diversas formas, ya sea de manera universal o abstracta. Aún más, cada letra es un número y personifica la "verdad" matemática inherente a ese número. Cuando las letras vivas se combinan para formar palabras, éstas últimas asumen una vida numérica propia y pueden ser interpretadas al examinar la relación con sus componentes de letras /números. También las palabras y las frases que equivalen al mismo número, se delimitan[8] entre sí. Así es como todo en el universo está conectado y relacionado con todo lo demás por medio de una cadena interminable de correspondencias que actúan como autorreferencias.

Las veintidós letras se dividen en tres categorías: Tres letras *Madre* (Alef, Mem, Shin) que representan respectivamente los tres Elementos fundamentales, el Aire, el Agua y el Fuego; Siete letras *Dobles*[9] (Bet, Gimel, Dálet, Kaf, Pé, Res, Taw) que representan los siete planetas antiguos, Mercurio, Luna, Venus, Júpiter, Marte, Sol y Saturno; y doce letras *Sencillas*, (Hé, Vaw, Zain, Het, Tet, Yod, Lámed, Nun, Sámek, Ayn Sade, Qof) que representan, respectivamente, los doce Signos del Zodiaco, Aries, Tauro, Géminis, Cáncer, Leo, Virgo, Libra, Escorpión, Sagitario, Capricornio, Acuario, Piscis.

La Tabla 1, en la página 52, compendia los valores numéricos y los significados tradicionales asociados con cada una de las 22 letras hebreas.

---

8. Estas co-definiciones rara vez son obvias (esto es, la palabra אהבה["amor"] y la palabra איב ["odio"] juntas suman 13. Esto no es un problema para el Cabalista. Como el estudiante de Zen que resuelve el acertijo del koan del Maestro Zen, el Cabalista eventualmente resuelve todas las aparentes contradicciones al trascender las limitaciones de la mente lógica.

9. Se les llama así, porque cada letra doble puede pronunciarse de dos maneras diferentes.

Letra hebrea	Nombre de la letra	Equivalente en inglés	Valor numérico	Significado	Atributo Sepher Yetzirah
א	Alef	A	1	Buey, Clan Aprender, Enseñar	Aire
ב	Bet	B	2	Casa, Familia Templo, Recipiente	Mercurio
ג	Gimel	G	3	Camello, Animal de carga	Luna
ד	Dálet	D	4	Puerta, Página	Venus
ה	He	H (E)	5	Ventana, Vista	Aries
ו	Vaw	V (U)	6	Clavija, Clavo, Gancho sujetador, Adhesivo	Tauro
ז	Zayn	Z	7	Espada, Arma, Equipar, Armar	Géminis
ח	Het	Ch	8	Barda, Campo, Encerramiento	Cáncer
ט	Tet	T	9	Serpiente, Gusano	Leo
י	Yod	U (I ó j)	10	Mano	Virgo
כ ך (final)	Kaf	K	20 500 (final)	Puño, Palma, Cuchara, Cueva, Bóveda	Júpiter
ל	Lámed	L	30	Buey estimulado, Estudio, Aprendizaje, Definido	Libra
מ ם (final)	Mem	M	40 600 (final)	Agua	Agua
נ ן (final)	Nun	N	50 700 (final)	Pescado	Escorpión
ס	Sámek	S	60	Apuntalar, Sostener, Apoyar	Sagitario
ע	'Ayn	O (A'a Ng)	70	Ojo, Anillo, Primavera	Capricornio
פ ף (final)	Pe	P (F)	80 800 (final)	Boca, Lenguaje, Orden, Apertura	Marte
צ ץ (final)	Sade	Tz (X)	90 900 (final)	Anzuelo, Penetrante, Objeto, Lengüeta	Acuario
ק	Qof	Q	100	Nuca, Oído	Piscis
ר	Res	R	200	Cabeza, Cara, Coronilla, Principal, Principio	Sol
ש	Sin	Sh	300	Diente, Colmillo, Borde puntiagudo	Fuego
ת	Taw	Th	400	Cruz, Marca, Sello, Firma	Saturno/ Tierra

Tabla 1. Valores Numéricos y Significados Tradicionales de las Letras Hebreas.

Para entender cómo funciona este sistema, examinemos brevemente una letra hebrea sencilla y descubramos algunas de sus cualidades por medio de la Gematria (del griego geometría). No te apresures a desechar estas meditaciones como si fueran vuelos sin rumbo de una masturbación mental. Recuerda, nuestro objetivo es conectar todo en el universo y relacionarlo con todo lo demás. Ni siquiera los juegos de palabras están fuera de límite. Ninguna ruta de exploración es demasiado *boba o simple* (¿DM?) como para darle consideración.

La palabra hebrea designada para "sangre" es דם[10] (DM-Dálet-Mem). D = "puerta" , M = "agua". Ten en cuenta que en esencia, la sangre tiene los mismos componentes del agua de mar, por lo cual no es de sorprender que encontremos la letra M en la palabra hebrea para sangre. D (Dálet) significa "puerta" y cuando combinamos las dos ideas de puerta y agua, abrimos una *compuerta* por la que fluyen infinidad de cosas en las que podemos meditar. El agua es la *puerta* para todo lo que tiene vida en este planeta. Sin agua, la vida se extinguiría. Nosotros, como mamíferos, antes de cruzar el umbral de la vida, flotamos en un mar de *agua* y nos alimentamos de la *sangre* de nuestra madre. En el aspecto masculino, la fuente de la vida es también una compuerta o sea una puerta por donde fluye agua, el meato u orificio del pene a través del que se arroja el *agua*

---

10. El hebreo se escribe de derecha a izquierda.

vivificante de la fertilidad masculina, para pasar a través de la puerta femenina de la vida. No es mera coincidencia que en la alquimia, la magia y la Cábala, con frecuencia se hace referencia al semen como la "sangre".

Así como los conceptos de madre y padre se han ido desprendiendo con tanta facilidad de nuestra meditación de DM/sangre, analicemos con más cuidado estas palabras hebreas para ver si podemos descubrir significados colaterales.

La palabra hebrea para "madre" es אם (AM-Alef-Mem) A = "buey". En el tiempo en que se estructuraba el alfabeto hebreo, el buey que jalaba el arado para abrir los surcos era el símbolo supremo de la fertilidad de la tierra y del poder que sostenía la vida. La letra A (Aleph) es la letra de la respiración y la única vocal del alfabeto hebreo. Deletreada en su totalidad [ALP] enumera hasta 111, la máxima expresión cabalística de unidad, M = "agua". AM podría interpretarse como *el agua de la energía creadora de la vida*. En lo relativo a la sangre, podríamos interpretar ésta como el fluido constituyente, el plasma.

La palabra hebrea para "padre" es אב (AB–Alef –Beth) B = "casa". Podríamos interpretar el significado de la combinación de estas letras como: *la morada o recipiente de la energía creadora de la vida*. Es posible que esto indique el corpúsculo o glóbulos que componen la sangre o aún más, el ADN.

Si se combinan las palabras para madre y padre (AM & AB) equivalen a 44 —¡y lo mismo sucede con DM, la palabra sangre! 44 es un número muy interesante respecto a la sangre, y seríamos unos Cabalistas mediocres si no continuáramos examinando la relación e investigáramos este número. Otros números hebreos que suman 44 incluyen AGM, un estanque, una pena; GVLH, un prisionero, el cautiverio; LHT, la flama; las palabras para los signos del zodiaco de Acuario (el portador del agua) y Aries (el carnero cuya sangre[11] reemplazó a la de los humanos como un sacrificio agradable a los ojos de Dios). Tan sólo con estas palabras podríamos sacar un sin fin de relaciones para estudiar lo que en sí pueden revelar.

Los números primarios tienen un significado especial en la Gematria (geometría griega) porque son invulnerables respecto a la división. El componente primario de 44 es 11, y siendo así, es lógico que los Cabalistas estudiaran primero el 44 expresado como 4 x 11. La palabra hebrea para "cavidad, vena" es BB (4) y la palabra para "movimiento circulatorio" es ChG (11).[12] No está nada mal ¿verdad?

Si añadimos la letra para respiración, A, a DM obtenemos ADM (Adán): *Y el Señor Dios respiró dentro de sus fosas nasales el aliento de vida y el hombre se convirtió en un espíritu vivo.* ADM suma 45, la fuente de

---

11. Consultar El sacrificio de Abraham, Génesis: capítulo 22.

12. Aún cuando utilicemos Mem final (600) en nuestros cálculos, llegaremos a las palabras hebreas para "rojo" y "vena".

todos los números [45 = 0 + 1 + 2 + 3 + 4 + 5 + 6 + 7 + 8 + 9]. Adán es también el personaje a quien Dios permitió que *diera nombre* a todas las criaturas vivas (esto es, que les diera su letra/su número de identidad) ¿Crees que él hablaba hebreo?

Notariqon

Existen dos maneras en que la técnica del Notariqon puede aplicarse al análisis de palabras y frases Cabalísticas. El primer método, es tomar las letras de la palabra que funge como sujeto como representación de las iniciales de una frase completa. Tal vez el ejemplo más famoso es BRAShITh, la primera palabra del Génesis y que por lo general, se traduce como "En el principio". **B-R-A-Sh-I-Th** se puede ampliar para que diga: BRAShITh **R**AH **A**LHIM **Sh**IQBLV **I**ShRAL **Th**VRH: *En el principio Elohim vio que Israel aceptaría la ley.*

Las deficiencias de este ejercicio son innegables, ya que la frase anterior puede tener un significado profundo para un Cabalista que sea judío ortodoxo; pero el Cabalista cristiano tal vez prefiera la interpretación de Prosper Rugere: **B**BVA **R**BN **A**shR **Sh**MV **I**shVo **Th**OBVDV: *Cuando llegue el Maestro cuyo nombre es Jesús lo adorareis.* Por otra parte, quien practique la demonolatría argumentará que **B-R-A-Sh-I-Th** significa en realidad **B**RAShITh **R**AH **A**shMDAI **Sh**IQBLV **I**ShRAL **Th**ChLVM: *En el principio Asmodai (el rey demonio) vio que Israel aceptaría las alucinaciones.*

Al principio de mi entrenamiento formal en la magia, mi maestro, en un esfuerzo por cerciorarse de mis habilidades en el Notariqon, me retó a extraer perlas de sabiduría de mi propio nombre. Lo siguiente fue mi frágil tentativa de profundización: "LON MILO DUQUETTE", lo que en realidad no es un nombre, son las iniciales de tres famosos axiomas relativos a la perfección de los Rosacruces:

"LOVE OF NUIT MANIFESTS INFINITELY.
LIFE OBSCURES DEATH'S UNANSWERED QUESTIONS.

UNKNOWN EGYPTIAN TOOK TWO ENEMAS."

("El amor de la noche se manifiesta infinitamente.

La vida oscurece las preguntas no contestadas.

Un egipcio desconocido se aplicó dos enemas.")

Yo pensé que dos de tres no había estado tan mal, pero a mi maestro no le hizo ninguna gracia.

El segundo método del Notariqon es exactamente lo contrario del anterior. En lugar de irse derivando de las letras de una palabra, utiliza las primeras letras (y/o finales) de las palabras de una oración o frase y las junta para formar palabras. Los magos ceremoniales piensan de inmediato en **ARARIThA**, una palabra del Notariqon formada por las iniciales de la frase **AChD RASh; AChDVThV RASh IlChVdVThV; ThMVRThV AChD**: *Uno es Su Principio; Una es Su Individualidad; Su Permutación es Una.*

Si se aplicara a mi nombre, Lon Milo DuQuette se reduciría a LMD y se dividiría y analizaría para encontrar su significado. En este caso, LMD es la composición de la doceava letra hebrea, Lamed que enumera hasta el 74 y significa "estimular a un buey", además tiene significados adicionales que se relacionan con el aprendizaje y la enseñanza. El número primario de 74 es 37, un número muy importante en la Cábala, ya que es el JChIDH, Jechidah, el principio más elevado del alma humana (el "Atma" de la filosofía hindú) y el "origen o germen" primario para los tres dígitos de los números maestros:

$$37 = \mathbf{111} \div 3 \quad 37 = \mathbf{444} \div 12 \quad 37 = \mathbf{777} \div 21$$
$$37 = \mathbf{222} \div 6 \quad 37 = \mathbf{555} \div 15 \quad 37 = \mathbf{888} \div 24$$
$$37 = \mathbf{333} \div 9 \quad 37 = \mathbf{666} \div 18 \quad 37 = \mathbf{999} \div 27$$

Temura

El Temura, de forma criptográfica, sustituye una letra por otra. Existen literalmente miles de formas en las que se puede aplicar este método y tal parece que los Cabalistas ya las han probado todas. Un método común, implica doblar el alfabeto sobre sí mismo, formando dos hileras de once letras, como se ilustra a continuación:

K	I	T	Ch	Z	V	H	D	G	B	A
L	M	N	S	O	P	Tz	Q	R	Sh	Th

Se trata simplemente de sustituir una letra de la hilera superior por la letra que queda debajo y viceversa. Esta versión del Temura se conoce como AthBSh (conforme a las primeras cuatro letras en el código). DM (sangre) ahora se escribiría QI (la raíz de "vomitar"... ¡uf!), que sigue una numeración hasta el 101, como sucede con las palabras para "Almacén", "Reino" y "Princesa Virgen".

Al reemplazar la primera letra de la hilera inferior y desplazar las letras restantes hacia la derecha, se forman nuevas combinaciones.[13] En el siguiente ejemplo la "L" se ha movido desde el extremo izquierdo para colocarse en el extremo derecho. Esta versión del Temura se denominaría ALBTh.

K	I	T	Ch	Z	V	H	D	G	B	A
M	N	S	O	P	Tz	Q	R	Sh	Th	L

DM (sangre) es ahora RK. En hebreo significa "sumiso", "tímido", "delicado", pero en inglés es la escritura fonética de la palabra "arca". Ya sea que nos estemos refiriendo al Arca de Noé o al Arca de la Alianza, no puede haber símbolo para dar vida, ni para la sangre que sostiene la vida, que pueda ser más profundo que ese.

En hebreo, RK suma 220, lo mismo que las palabras BChIR, "el Elegido" y GBIRH "una dama rica",

---

13. Aunque se pueden construir más, se ha fijado un estándar con tres series de 22 tablas que se conocen como la *Combinación de Tziruph*.

así como la suma de las letras que constituyen la frase "Serás leal a Jehová".

A 1	I, J, Y 10	Q 100	B 2	K 20	R 200	G 3	L 30	Sh 300
D 4	M 40	Th 400	H 5	N 50	K final 500	V, W, U 6	S 60	M final 600
Z 7	O 70	N final 700	Ch 8	P 80	P final 800	T 9	Tz 90	Tz final 900

Tabla 2. La Cábala de las Nueve Cámaras o Moradas.

Cuando usamos la tabla anterior para examinar la palabra BRAShITh ("en el principio") obtenemos las letras ThDThBMA. Hasta donde tengo conocimiento, no existe esa palabra en hebreo, pero si analizamos cada letra (Th = cerrar, D = puerta, Th = cerrar, B = casa M = agua, A= energía creadora) y utilizamos una poca de imaginación Cabalística, es posible que logremos una descripción poética de fuerte impacto cosmológico: *En el principio, la fuente de la energía creadora de la vida, estaba encerrada en una casa cuya puerta fue clausurada por ambos lados.*

El método más conocido[14] del Temura tiene el título romántico de "La Cábala de las Nueve Cámaras" como se indica en la tabla 2. Se basa en una escala

14. La Cábala de las Nueve Cámaras se torna en un instrumento indispensable para el mago ceremonial que desea crear sigilos espirituales (signos cabalísticos) extraídos de números mágicos al cuadrado.

decimal y vincula todas las letras que representen números de un dígito, con los números de dos o tres dígitos que estén relacionados. Esto es: A (1) puede substituirse por Y (10) o por Q (100).

Al utilizar la Cábala de las Nueve Cámaras, ambas letras que identifican a DM (sangre) se localizan en la misma cámara. La única letra de sustitución es Th, "una marca" "un signo", y con este signo o firma (¿acaso firmada con sangre?) llegamos al final poético de nuestra breve excursión hasta el Temura.

¿Qué hay en un nombre?

Como mencioné con anterioridad, los Cabalistas sostienen que todas las cosas que hay en el cielo y en la tierra son expresiones de las letras o de los números, y viceversa. Por consecuencia, *todo* es un elemento lleno de energía que procede de un ser divino infinitamente grande, y cada *palabra* o número revela la fórmula por la cual ese elemento desempeña su ministerio. Mientras más grande sea la responsabilidad del elemento en el gran esquema de las cosas, más profundo y poderoso será su número, letra o nombre.

De aquí que las palabras más poderosas y significativas sean el nombre o los nombres de la deidad misma. En la Biblia se hace referencia a Dios a través de muchos nombres. Cuando se traducen a otro idioma, a estas variaciones se les asignan denominaciones vagas, tales como "Dios", "Señor", "Señor Dios",

"Dios Todopoderoso" y un sinnúmero de otros títulos ambiguos que con bastante éxito, aniquilan cualquier significado espiritual que un aspirante a místico pudiera recoger de la palabra.

Por ejemplo, el "Dios" que *creó los cielos y la tierra* en Génesis I :1, es "Elohím", plural masculino de la palabra femenina Eloáh. Una traducción más exacta del versículo antes mencionado sería: *En el principio los Dioses y las Diosas crearon el cielo y la tierra.*

Tengo la certeza de que hubiera valorado haber tenido esa información hace años, cuando pertenecía a la Hermandad Juvenil Metodista y el líder era lo suficientemente cándido como para enseñar, a un salón lleno de adolescentes, que Dios era varón y que Él había creado todas las cosas por medio de "su fuerza varonil". "Si Dios está en todas partes…" mi crítica y réplica predecible era " ¿…en dónde podría Él colocar su fuerza varonil?"

El nombre Cabalístico supremo de Dios es la palabra inefable de cuatro letras, יהוה (Yod, He, Vav, He) que los profanos pronunciaban Jehová y que en la literatura Cabalística se le conoce como el "Tetra-grámaton". Toda la creación, desde lo más alto del cielo hasta lo más profundo de infierno, es una pro-yección que emerge de esta deidad. Las letras del Tetragrámaton representan los cuatro aspectos más fundamentales de la creación. Toda la materia, la energía y la conciencia pueden ser clasificadas bajo estos cuatro encabezados. Esta división cuádruple se

representa como cuatro mundos descendientes: Atziluth, Briah, Yetzirah y Assiah, a través de los cuales
la voluntad de la deidad se transmite hacia abajo,
hasta el plano material, por medio de una cadena
bizantina de mandos y una jerarquía en nombres de
arcángeles, ángeles y espíritus divinos.

No tiene nada de extraño si tu capacidad de
asombro se estimula al pensar en esta ley celestial del
más fuerte, como seres objetivos que pasan sus vidas
con aureolas y plumas, y cumplen con sus deberes
como corredores de bolsa celestiales. De hecho, esto
es precisamente la actitud del mago ceremonial que
maneja su oficio por medio de la transformación de
abstracciones subjetivas en realidades objetivas. Sin
embargo, cuando hablamos de nombres divinos, de
ángeles o de arcángeles, en realidad estamos refiriéndonos a una jerarquía ordenada de energías y fuerzas
naturales.

Por ejemplo, podríamos decir que la ley de la
gravedad es un gran *Arcángel*, cuyo dominio a través
del cosmos es universal de una forma inimaginable.
El Arcángel "de la Gravedad" gobierna una multitud
de *Ángeles*[15] que habitan en el siguiente mundo hacia
abajo y que sólo pueden funcionar dentro de la
estricta disciplina de la "Ley de la Gravedad", y
además, son responsables de obligaciones gravitacio-
nales más específicas. Algunos Ángeles pueden hacer

---

15. Los Ángeles bajo la soberanía del Arcángel de la Gravedad pueden
tener diversos nombres como "Atraer", "Jalar", "Arrastrar".

que las estrellas en las galaxias giren alrededor de un punto central, o pueden ser responsables por el comportamiento inimitable de los agujeros negros. Bajo la jurisdicción de cada Ángel y residiendo en el más bajo de los cuatro mundos Cabalísticos, se encuentran las innumerables *Inteligencias y Espíritus*.[16] Estos son los hombres de los detalles cósmicos relativos al extraordinario universo que ejecuta los trabajos más específicos, desde las mareas de los océanos y la caída de las manzanas, hasta la tarea de determinar quién es el ganador de una plataforma improvisada de una Carrera de Caballos.

La teoría fundamental implícita en la Cabalística mágica tradicional, sostiene que si tú puedes identificar y solicitar el aspecto correcto de la Deidad (El nombre Divino en Atziluth), puedes después apelar al Arcángel correspondiente (en Briah), para que dirija al Ángel adecuado (en Yetzirah), quien te permitirá ordenar al Espíritu correcto (en Assiah) para que siga tu mandato. Esta utilización de un nombre cósmico puede parecer bastante primitiva y supersticiosa, pero es una forma excelente de entrenar nuestra mente a estar constantemente consciente de una realidad mayor detrás de todo lo que percibimos.

---

16. Los Espíritus y las Inteligencias bajo el gobierno de los Ángeles "Atraer" "Jalar" o "Arrastrar", pueden tener nombres como "Dejar caer", "Caer", "Tambalearse", "Hundirse", "Inclinarse", "Resbalar", "Deslizarse", "Decaer", "Descender", "Sucumbir", "Declinar", "Retroceder", "Tambalearse", "Sumergir", "Inclinarse", "Establecerse", "Hundirse", "Sumergirse", o "Desplomarse".

˒ El mundo más elevado, Atziluth, es el mundo Arquetipo en el que los aspectos de la deidad masculina y femenina[17] están aún unidos en total arrobamiento. Los tres mundos debajo de Atziluth son el fruto de esta unión.

ה El siguiente mundo es Briah, el Creativo, el mundo de los Arcángeles, en donde los diferentes aspectos de lo creativo se organizan primero en entidades con amplios poderes y responsabilidades.

ו El siguiente nivel es Yetzirah, el mundo Formativo, el de los Ángeles anfitriones. Aquí las órdenes generales de los Arcángeles son dictadas con detalles específicos para manifestarse eventualmente en:

ה Assiah, el mundo de la materia, el universo Excepcional, el mundo de las inteligencias planetarias, de los espíritus de los Elementos y de los seres humanos.

Un objeto material (como una silla), se manifiesta en Assiah pero tiene su copia no material (la imagen de una silla específica) en Yetzirah, y una concepción universalmente organizada (las teorías de "sentarse" y de "silla") en Briah, y en un modelo en sumo grado abstracto (la idea de "descansar") en Atziluth. Si este argumento suena familiar, es porque Platón, de quien se dice que estudió la sabiduría de los antiguos hebreos, postuló estos mundos arquetípicos en su noveno libro de *La República*.

17. El Shekhinah.

Supuestamente hay cientos de formas en que los Cabalistas han analizado y pormenorizado a los habitantes de los diversos mundos. El más conocido tiene como modelo al Árbol de la Vida. Cada uno de los cuatro mundos Cabalísticos es ilustrado con su propio Árbol de la Vida, y cuando los cuatro se superponen uno sobre el otro, como muestra la Figura 2 de la página 67, podemos darnos cuenta con exactitud quién predomina en la jerarquía cuádruple de cada una de las diez subdivisiones del Árbol.

Shem ha-Mephorash

Una de las más impresionantes demostraciones de los ejercicios Cabalísticos, es un elaborado análisis del Tetragrámaton llamado el Shem ha-Mephorash, "el nombre dividido".

Basado en las cuatro letras del Gran Nombre, es uno de los mejores ejemplos de la forma en que los Cabalistas desarrollaron nuevas maneras de considerar la dinámica del universo y de identificar las entidades espirituales que hacen funcionar la maquinaria.

Después de agotar todos los trucos de la Gematria, el Notariqon y la Temura para cosechar toda la evidencia espiritual del Gran Nombre, a algunos brillantes Cabalistas se les ocurrió acomodar las cuatro letras en la forma de una tétrada Pitagórica y añadir la suma de las letras.

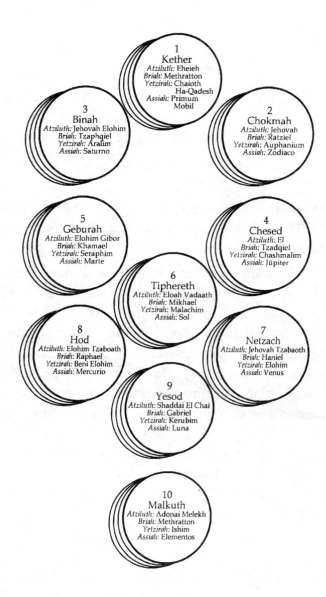

Figura 2. El Árbol Cuádruple de la Vida

$$י = 10$$

$$הי = 15$$

$$והי = 21$$

$$הוהי = 26$$

$$10 + 15 + 21 + 26 = 72$$

Se decidió que setenta y dos es una expresión primaria de יהוה y la clave para una extensión o división del nombre de Dios.

Ahora bien, existen setenta y dos quinarios (grupos de cinco grados) en el zodiaco y cada uno de esos periodos de cinco grados, representa aproximadamente a cinco días del año. Como consecuencia, cada parte del nombre dividido de יהוה gobernaba algunos días específicos del año. Esto era un prospecto muy estimulante ya que auguraba la oportunidad de examinar más de cerca a la deidad, trasladando los aspectos eternos e inescrutables de la creación hasta un lenguaje conocido de tiempo y espacio del ciclo anual de la Tierra. La siguiente búsqueda sería poder encontrar los setenta y dos nombres que forman el Gran Nombre.

Volviendo a las Sagradas Escrituras, se descubrió que tres versículos consecutivos, 19, 20 y 21 del capítulo 14 del Éxodo, contenían, cada uno de ellos, exactamente setenta y dos letras. Todo lo que se necesitaba hacer era un manejo Cabalístico de esos tres versículos hasta que se produjeran los 72 Nombres Sagrados.

Es importante señalar que estos tres versículos están entre los más significativos y notables de toda la Biblia. No sólo hicieron de Charlton Heston un icono inmortal del cine estadounidense, sino que narran la historia de un despliegue masivo del poder del Dios de los hebreos, que se manifestó sobre la tierra.

Versículo 19:

ויסע מלאך האלהים ההלך לפני מחנה ישראל וילך מאחריהם ויסע
עמוד הענן מפניהם ויעמד מאחריהם :

Y se puso en marcha el Ángel de Dios que iba al frente del ejército de Israel pasando a la retaguardia. También la columna de nube que iba adelante se desplazó de ahí y se colocó detrás.[18]

Versículo 20:

ויבא בין מחנה מצרים ובין מחנה ישראל ויהי הענן והחשך ויאר את-
הלילה ולא-קרב זה אל-זה כל-הלילה:

Se puso entre el campamento de los egipcios y el campamento de los israelitas. La nube era tenebrosa y

18. La traducción al Inglés es de *The Holy Bible from Ancient Eastern Manuscripts*, traducida del Arameo por George M. Lamsa (Philadelphia, PA: A.J. Holman Company, 1967), p. 82. Éxodo 14:19-21.

permaneció toda la noche, sin que los ejércitos pudieran establecer contacto.

Versículo 21:

ויט משה את- ידו על-הים ויולך יהזה את-הים ברוח קדים עזה כל-הלילה
וישם את-הים לחרבה ו יבקעוה-מים :

Moisés extendió su mano sobre el mar y se dividieron las aguas, el Señor hizo soplar un viento fuerte durante toda la noche que secó el mar y se dividieron las aguas.

La Tabla 3 que se encuentra insertada entre las páginas 44-45 ilustra cómo estos tres versículos se pueden manipular para revelar los setenta y dos Nombres de Dios. El Versículo 19 está escrito en forma normal (de derecha a izquierda). El versículo 20 está colocado directamente debajo del versículo 19 (escrito de izquierda a derecha). Finalmente, el versículo 21 se escribió exactamente debajo del versículo 20 (de derecha a izquierda).[19] De esta forma y con este arreglo, se descubren los 72 nombres de Dios formados por tres letras. Si se empieza por la extrema derecha y se lee hacia abajo tenemos los nombres VHV, ILI, SIT, OLM, etc.

Ángeles y Demonios

Naturalmente, para poder servir como un conducto y hacer posibles cada uno de los nombres de Dios

---

19. Esta técnica se conoce como boustrophedon.

formados por tres letras, se tiene que contar con un ángel, el cual transmite la energía específica, inherente a cada una de esas formas de la deidad. Los nombres de los setenta y dos Ángeles del Shem ha-Mephorash se determinan con sólo añadir uno de los dos sufijos angélicos al final de los nombres de Dios formados por tres letras: IH, para indicar un ángel de misericordia, o AL para indicar un ángel del juicio, el ángel VHV es VHVIH (mejor conocido como Vehuiah); el ángel de ILI's es ILIAL (Ieliel), etc. La tabla No. 3 entre las páginas 44-45, explica con detalle este proceso y muestra los grados zodiacales y unas cartas pequeñas del Tarot gobernadas por los Nombres de Dios y por los Ángeles del Shem ha-Mephorash.

En la Tabla No. 3 también se muestran los setenta y dos demonios de la Goetia. Estos espíritus infernales, aunque por tradición no se asocian en forma directa a los Ángeles del Shem ha-Mephorash, están generalmente agrupados en pares[20] y se asocian a los 36 decanos del zodiaco.

Muchos profesionistas de la magia Goetica consideran que esta relación es significativa, y les funciona con bastante éxito bajo la hipótesis de que los Ángeles del Shem ha-Mephorash desempeñan el papel de gobernantes divinos de sus complementos infernales. Esta lógica no está desprovista de mérito ya que el gobierno jerárquico de los espíritus de la Goetia siempre ha sido confuso y ha estado expuesto

---

20. Un espíritu para el día y uno para la noche.

a muchas especulaciones. Hablaré más sobre la Goetia en el Capítulo VII.

¡Cualquier persona podría volverse loca!

En realidad esta ciencia maravillosa no tiene fin; cuando el escéptico se mofa y dice: "con todos estos métodos uno debería ser capaz de sacar todo de la nada", el Cabalista sonríe y responde al sublime insulto: "con estos métodos UNO hizo todo de la nada".[21]

El trabajar con la Cábala no es un medio para lograr un fin, sino un medio para un *medio*. No importa cuán furtivos sean nuestros descubrimientos en *Gematria, Notariqon y Temura*, también pueden, con igual facilidad ser arrasados y refutados, utilizando las mismas técnicas y la misma lógica. Aún más, en el preciso momento en que crees que has logrado comprender la perfección sublime de todo esto, tu universo descifra una teoría alternativa, una tradición más antigua o una forma más lógica de cómputo.

Entonces, ¿por qué nos enredamos por voluntad propia en una actividad mental infructuosa con este tipo ejercicios? ¿Será acaso para sobrecargar la mente hasta que se dé por vencida y nos obligue a adoptar

---

21. Aleister Crowley, "The Temple of Solomon the King", *The Equinox Vol. I, No. 5 (York Beach, ME: Samuel Weiser, 1992), p. 95.*

un nivel más alto de conciencia? Mi esposa, Constanza,[22] quien odia la Cábala, dice que si ese es el caso, su mente está lista para darse por vencida en este preciso instante.

En un esfuerzo por contestar esta pregunta, el Cabalista herético, Rabbi Lon Ben Clifford cita al venerable sabio Taoísta Mi-Lo, quien escribió al principio de este capítulo:

Todo lo que creemos saber acerca de cualquier cosa, es resultado de nuestra capacidad para observar su comportamiento a través de una serie de movimientos consecutivos. Por esta razón al Tao se le llama "el Camino" y se dice que reside en el movimiento antes que en lo que se mueve.

La interminable reacción en cadena del pensamiento, que producen por inducción los ejercicios Cabalísticos, transforma con el tiempo a un estudiante asiduo de simple observador de este movimiento a pasajero del mismo movimiento divino.

שלוש

---

22. Santa Constanza del Pozo, Nuestra Señora del Movimiento Perpetuo.

Capítulo III

La Tabla de Esmeralda de Hermes y la Invocación del Santo Ángel de la Guarda

¡Oh Señor de la Armonía! Maestro de la Buena Voluntad, Tú, quien nos has traído la semilla divina del propio conocimiento, nosotros, los humildes siervos de las criaturas de Tu Voz, ¡Acudimos a Ti para que nos rescates de nuestra ignorancia! ¡Te invocamos, oh Tres Veces Santo![1]

---

1. Invocación del Rito de Mercurio, los Ritos de Eleusis, *The Equinox, Vol I. No. 6* (York Beach ME: Samuel Weiser, 1992), página 98.

III

Uno de los sucesos más significativos que causaron impacto en el estudio moderno del Hermetismo fue la traducción al inglés de *The Book of the Sacred Magic of Abra-Melin the Mage*,[2] efectuada en1888. A diferencia de otros "grimoires" supuestamente escritos por el Rey Salomón, Moisés y otros profetas o patriarcas, la autoría del libro *The Sacred Magic* se atribuye a un auténtico personaje histórico, cuyos manuscritos originales son bastante impresionantes. Abraham, el judío (1362 –1460), un judío alemán, fue quizá el más famoso alquimista y mago de sus tiempos, y sin lugar a dudas, uno de los más acaudalados. Era un devoto Cabalista de gran renombre, sin embargo, nunca ostentó sus habilidades mágicas y alquímicas para diversión de ricos o poderosos. En su mejor época,

---

2. *The Book of the Sacred Magic of Abra-Melin, the Mage as Delivered by Abraham the Jew Unto his Son, Lamech, a Grimoire of the Fifteeen Century* (London: Waltkins, 1900) Reeditado (N.Y: Dover Publications, Inc. 1975). Última edición: Wellinborough, UK: Aquarian Press, 1983. Se encontró en la Bibliothèque de lArsenal en París y fue traducido al Inglés por el perito Golden Dawn, S.L. MacGregor Mathers, el manuscrito original indica que fue escrito originalmente en hebreo en 1448 y traducido al Francés a finales del siglo XVII.

deleitó y sorprendió al Rey Enrique VI de Inglaterra, a los Papas Juan XXIII,[3] Benedicto XIII y Gregorio XII, al Emperador Constantino, Paleólogo de Grecia, al Emperador Segismundo de Alemania y al Duque Leopoldo de Sajonia.

Como investigador insaciable de la sabiduría, Abraham hizo largos viajes en búsqueda de los más profundos secretos de la naturaleza y de lo divino. En Egipto, se enteró de la existencia de un ermitaño del desierto que tenía la clave de un gran secreto mágico, un mago muy poderoso llamado Abra-Melin. Abraham buscó y encontró a este gran mago sabio que era ya un anciano, y por algún tiempo vivió y estudió con él. Después de exhortar a su nuevo discípulo judío a llevar una vida austera y piadosa, Abra-Melin le mostró con cautela dos pequeños libros que compendiaban la magia sagrada. Abraham aseguraba que los poderes que obtuvo del dominio mágico de Abra-Melin lo protegieron para el resto de su vida, y fueron su principal fuente de éxito, fama y también de sus grandes riquezas. Poco antes de morir, Abraham legó a sus dos hijos los más grandes tesoros de su larga y fructífera vida. A su hijo mayor, José, le transmitió los secretos de la Santa Cábala, a su hijo menor, Lamech, le dio el libro *La Magia Sagrada de Abra-Melin, el Mago.*

Aunque parezca insólita la narración anterior, la obra *The Book of the Sacred Magic of Abra-Melin the*

---

3. El Papa del Siglo XX del mismo nombre y número fue el *segundo* pontífice que escogió el nombre de Juan XXIII.

Mage, tal vez hubiese quedado como una simple nota al calce entre la voluminosa colección de literatura esotérica de ese tiempo, pero gracias al inesperado descubrimiento de un postulado que sirvió como piedra angular al movimiento Abra-Melín —un concepto que dispara su trabajo sobrepasando por mucho a sus "grimoires" contemporáneos, *La Magia Sagrada* se transforma en una ciencia espiritual equivalente a las prácticas de yoga más elevadas del Oriente.

Abra-Melin descubre que cada uno de nosotros tiene un vínculo con un ser espiritual a quien él llama el Santo Ángel de la Guarda. Hasta que logremos un matrimonio en espíritu con este ser, no estaremos lo suficientemente equipados como seres humanos para gobernar las tendencias de nuestra naturaleza inferior o para avanzar en el campo espiritual. El enfoque fundamental del legado de Abra-Melin es la unión ("Conocimiento y Comunicación") con nuestro Santo Ángel Guardián, y hasta que esto se logre, es inútil tratar siquiera de manejar las circunstancias de la vida, porque no estamos aún preparados espiritualmente para comprender de manera adecuada la naturaleza de nuestra verdadera voluntad y mucho menos calificados para ejercer esa voluntad sobre el cosmos.

Después de que se han logrado el Conocimiento y la Comunicación, el Ángel se convierte en el consejero del mago y dirige todas las actividades mágicas subsecuentes, desde un punto de vista de sabiduría suprema.

Esta concepción es una impresionante desviación filosófica de las prácticas ceremoniales mágicas que eran tan populares entre los contemporáneos de Abraham, el judío. Algunos textos mágicos Salomónicos[4] (se llamaban así porque supuestamente provenían de los escritos mágicos del Rey Salomón), ubican al mago en una situación de gimoteo ante un Dios Todopoderoso, aunque inexplicablemente crédulo, para que se le permita, en forma temporal, dirigirse a los espíritus divinos con autoridad prestada, y en forma literal hacerles creer a los secuaces infernales que están siendo invocados por un nuevo Moisés, Elías o Salomón. La técnica no es muy diferente a la de un muchacho rico y mimado que obliga a su padre poderoso le permita golpear al mayordomo.

Esto no quiere decir que dichas prácticas mágicas sean ineficaces, al contrario, pueden lograr resultados y fenómenos igualmente sorprendentes.[5] Toda actividad mágica, bien sea que esté guiada por la sabiduría perfecta del Santo Ángel de la Guarda o por las motivaciones más indignas de un villano no iluminado, pone en movimiento una reacción en

---

4. Entre los textos Salomónicos más conocidos estaban los cinco libros del Lemegeton, en especial el primer libro, *Goetia*. Consultar el capítulo VII, *Los Demonios son Nuestros Amigos*.

5. *Ibid.*

cadena de efectos invisibles que buscan, y eventualmente encuentran, un *médium* en el que se pueda
descargar la energía de la maniobra. Si la visión
espiritual del mago es clara, entonces el ímpetu del
universo entero impulsa la energía para encontrar
la señal perfecta y el objeto de la operación se lleva
a cabo.

Sin embargo, si el mago evade cualquiera de los
aspectos de las circunstancias que rodean al trabajo,
entonces la energía que se ha generado en la ceremonia
buscará el camino menos resistente y eventualmente
se malogrará, como un tumor maligno, en la tierra
fértil de los propios engaños del mago. A no ser que
reciba inspiración divina del Santo Ángel de la Guarda, la persona continuará actuando en la oscuridad,
motivada por deseos malsanos y guiada por poderes
de percepción defectuosos.

Aunque el término "Santo Ángel de la Guarda"
utilizado en este contexto, parece haberse originado
en el libro *The Sacred Magic of Abra-Melin the Mage*, el
concepto de un ser personal y divino, es sin lugar a
dudas, mucho más antiguo. Zoroastro[6] describe en
el *Agathosdaimon*, a un guardián espiritual personal,
con quien se debe establecer contacto antes de iniciar
cualquier ceremonia teúrgica. A estos guías espirituales se les denominaba "lunges", balseros, y junto
con los "Synoches" y los "Teletarcae" forman la

---

6. Consultar *The Chaldean Oracles of Zoroaster,* traducido por Ruth
Majereik (London and New York: Brill, 1989).

jerarquía fundamental de los arcángeles caldeos.[7] Los filósofos Platónicos enseñaban que entre la humanidad y los dioses, existe una clase intermedia de seres espirituales llamados "Daemonos". A cada individuo se le asignaba un "daemon" personal y es ese "daemon", no los dioses, quien escucha directamente y responde a las oraciones de nuestra raza. Sócrates llamaba a su demonio "genio".

Los guías espirituales, quienes desde los tiempos prehistóricos han dirigido las visiones de los chamanes de todas las culturas sobre la tierra, sirven para demostrar que el Conocimiento y la Comunicación con el Santo Ángel Guardián es una experiencia espiritual fundamental y universal. Jesús dijo: "Nadie viene al Padre sino es a través de mí." Krishna le dijo a Arjuna: "Por una devoción sincera y perseverante podré ser conocido, visto en realidad, y sólo así, se logrará ser parte de mí". Si examinamos las escrituras sagradas y las prácticas espirituales de las religiones del mundo, encontraremos el tema imprescindible de una relación personal con un ser espiritual que representa o conduce a una deidad suprema, tal vez *impersonal*. La conciencia colectiva de las razas está tan impregnada de esta verdad básica, que la encontramos profundamente incrustada en nuestros mitos y cuentos de hadas. No se requiere mucha imaginación para fantasear al Santo Ángel Guardián como el

7. Consultar el libro *The Magick of Thelema* de Lon Milo Duquette (York Beach, ME: Samuel Weiser, 1993) página 92.

príncipe que despierta con un beso (el Conocimiento y la Comunicación) a la bella durmiente (el alma que no tiene esclarecimiento) y la lleva al palacio de su padre, el rey (Dios), en donde la nueva pareja llegará, con el tiempo, a convertirse en el rey y la reina (el esclarecimiento supremo y la reabsorción de la esencia o naturaleza divina).

La palabra ángel por definición significa "mensajero" y los estudiosos de la tradición occidental reconocerán, sin lugar a dudas, el concepto de este intermediario divino como alguien relacionado con la naturaleza de Mercurio. Hermes o Mercurio es el mensajero de los dioses y la apoteosis de la muerte. Todos los avatares de las grandes religiones del mundo se han presentado como guías, pastores y mensajeros de la verdad divina. El hecho de que los dioses necesiten un mensajero, indica que la comunicación directa con y entre los dioses, como las frecuencias vibratorias, los niveles de conciencia, los grados de conocimiento, los mundos Cabalísticos, los periodos de la existencia, los pasos evolutivos, las facetas del ser, etc., no son una buena idea. Hay que recordar las fatales consecuencias que tuvo el hecho de que Sémele, la amante mortal de Zeus, le pidiera verlo desprovisto de su vestimenta (en la plenitud de su gloria divina). Jehová no se apareció a la Virgen María para anunciarle que ya tenía el pan en el horno (que ya estaba encinta), sino que envió al Arcángel Gabriel. Zeus no fue al mundo inferior para decirle a su hermano Hades que le diera asuetos a Perséfone por su buen comportamiento, sino que envió a Hermes para comunicar las malas noticias y guiar a la señora en su regreso. Thot estaba siempre escribiendo notas y mensajes y con frecuencia intercedía en los altercados familiares de los dioses de Egipto. En el *Mahabharata*, Krishna llevó y trajo tantos mensajes entre los Kuruidas y los Pandiuidas ¡que con toda probabilidad igualó a Brahma Loka en el kilometraje, por la frecuencia y velocidad con que entregaba los volantes de mensajería!

Desafortunadamente las religiones de las masas han pretendido ignorar este tema central, que es universal, y han confundido a sus mensajeros con los mensajes, dando culto, por así decir, a la propaganda más que al contenido en sí mismo. Tal vez sea imposible desarrollar una religión de masas que gire alrededor de esa experiencia tan personal y tan íntima. Sin embargo, si nos damos el lujo de tener una mente abierta, podremos ser testigos de los Santos Ángeles de la Guarda que andan bailando por las esquinas en el libre arrobamiento de un devoto Hare Krishna y escuchar su canto en el conmovedor llamado a rendir culto. He observado con sorpresa cuando una abuela polaca, ataviada con un velo en la cabeza, abría su boca, ya sin dientes, para recibir la hostia consagrada durante la Misa, con los ojos en éxtasis mientras disolvía el cuerpo de su Santo Ángel de la Guarda, a quien veía como a Cristo, y cómo un monje

budista veía la naturaleza pura de Buda en un mon-
tón de excremento de perro. Siempre existirán los
individuos que se agarrarán del meollo puro de la
verdad de su religión, sin importar cuán tontos sean
los adornos superfluos de la doctrina particular que
profesan. Es una triste ironía que, con pocas excep-
ciones, "las grandes religiones" del occidente insistan
en provocar un corto circuito en el cableado eléctrico
espiritual de sus seguidores al exigirles que acepten
una imagen exclusiva y cristalizada del Santo Ángel
Guardián.

El Santo Ángel de la Guarda es algo *más que* la
imagen de nuestra propia identidad que se proyecta,
o la voz de nuestra conciencia; es algo *más que* el
conocimiento inocente e intrínseco del bien y del mal;
es algo *más que* el oído divino que nos escucha cuando
levantamos nuestra vista al cielo y hacemos oración.
"¡Oh Dios si me sacas de esto, te prometo que no
volveré a cometer otra tontería!" Pero ese algo *más
que* es muy difícil de explicar… Abra-Melin ni siquiera pierde tiempo en intentarlo. "Pídele a tu Ángel que
él te lo explique" parece ser su consejo, y analizándo-
lo bien, es probable que sea la sugerencia más sabia.
No obstante, como el Conocimiento y la Comunicación
con el Ángel Guardián es de máxima importancia
para la carrera espiritual del aspirante, sería de
utilidad examinar cómo se puede ilustrar con mayor
claridad este concepto. Para lograrlo, daré un breve
repaso de los principios básicos Cabalísticos en lo

referente al documento fundamental del Hermetismo, *La Tablilla de Esmeralda de Hermes*.[8]

El
Trabajo Secreto
Chiram Telat Mechasot
(Chiram, la Causa Universal,
una en Esencia, pero tres en aspecto).

α

Es verdad y no es mentira, cierto y confiable, que lo superior concuerda con lo inferior y lo inferior con lo superior, para realizar el único trabajo en realidad maravilloso.

—*Tabula Smaragdina, v. I*

Está escrito en Génesis I, 27: *y creó Dios al hombre a imagen suya: a imagen de Dios le creó; macho y hembra los*

---

8. Por tradición, la primera revelación de Dios al hombre, *La Tablilla de Esmeralda (Tabula Smaragdina) de Hermes Trismgistus*, se cree que ya tenía dos mil años en el tiempo de Cristo. Según se informa fue moldeada con esmeralda líquida por metodología alquímica, sus letras realzadas resumen en trece frases cortas el funcionamiento universal del cosmos. Algunas autoridades en la materia pueden debatir la veracidad histórica del epígrafe, pero el documento perdura como la destilación perfecta del pensamiento Hermético, que compendia no sólo el proceso de la transmutación de metales básicos, sino también la regeneración y liberación del alma humana. Las versiones que se utilizaron para cumplir con los objetivos de este escrito o ensayo son las de Manly P. Hall, *Lost Keys of Freemasonry* (Richmond, VA: Macoy, 1968) y la de General Albert Pike *Morals and Dogma* (Charleston A∴M∴).

creó. The Sephir Dtzenioutha[9] nos dice que: *antes había equilibrio, la imagen no avizoraba a la imagen... La Imagen Superior está oculta y encubierta; la Imagen Inferior se manifiesta y a la vez no se manifiesta. Cuando él se manifiesta, se simboliza por las letras* ‏ה ו ה י‎.[10]

La Inmensa Imagen es el *macrocosmo*, el mundo enorme, la morada de la deidad y hasta cierto punto la deidad misma. La Imagen Menor es el *microcosmo*, el mundo pequeño, las emanaciones y expresiones de la deidad. En la parte más baja de la escala *microcósmica* se encuentra el universo material y los seres humanos. Cuando al principio de la trama de la creación se logró el equilibrio, estas dos Imágenes, la superior y la inferior se contemplaban o se reflejaban una en la otra. Los dos textos Cabalísticos citados con anterioridad, confirman el enunciado inicial de la Tablilla de Esmeralda y revelan un universo de patrones que se repiten. Como en el teclado de un piano, las notas que constituyen los mundos que están por encima de nosotros tienen su complemento o duplicado en nuestra octava inferior. *Lo superior está de acuerdo con lo inferior y lo inferior con lo superior... Como es arriba, es abajo.*

9. Consultar *The Kabbalah Unveiled* (York Beach, ME: Samuel Weiser, 1983) página. 43.

10. Consultar el Capítulo II . ‏יהוה‎ (Yod-Hé-Waw-Hé (el hebreo se escribe de derecha a izquierda) el nombre inefable de Dios. Se pronunciaba Jehovah por los profanos e ignorantes, su verdadera pronunciación fue un secreto cuidadosamente guardado por los sacerdotes Levitas.

Son diferentes las formas en que los textos Cabalísticos tratan de explicar la relación que existe entre
el macrocosmo y el microcosmo, algunas veces definen el microcosmo como las nueve emanaciones o el
Sefirot (reinos o planos) que están por debajo de
Kether, el primer Sefirot, "la Corona", del Árbol
de la Vida.[11] Algunos consideran al décimo Sefirot,
Malkuth ("Reino"), como al microcosmo y a los seis
siguientes Sefirot sobre Malkuth como el mundo
macrocósmico. Una característica interesante del
pensamiento Cabalístico es que las dos definiciones
que se acaban de mencionar y una gran variedad de
otras, puedan considerarse como verdaderas en
forma simultánea.

Teniendo en cuenta la primera declaración que
se hizo de la Tablilla de Esmeralda, nos podríamos
atrever a decir que cada uno de los planos de la
existencia es un macrocosmo en relación con el plano
inferior y un microcosmo en relación con el plano superior. Para fines de este pequeño ensayo, utilizaré los
términos como normalmente se aplican a la magia
moderna ceremonial:

---

11. Consultar la figura 1 de la página 45. Para el estudiante moderno,
el Árbol de la Vida es el diagrama más reconocido de la Cábala.
Ilustra la forma en que el UNO infinito emitió la vida y el universo,
por medio de una proyección de su luz divina, a través de diez
"mundos" progresivamente densos (Sefirot), de los que el punto más
bajo es nuestro universo material. Los diez Sefirot (reinos o planos)
están conectados por veintidós sendas que transmiten el fluido eterno
divino entre los Sefirot y son el medio por el que el místico Cabalístico
puede escalar el Árbol de la Vida para lograr la unión con el ÚNICO.

Microcosmo: se caracteriza por la fórmula mágica de los cuatro elementos (fuego, agua, aire y tierra) que son gobernados, vivificados, enlazados entre sí y separados por la quintaesencia o elemento más depurado, que es el espíritu. El número cinco es un glifo muy adecuado para referirse al microcosmo, ya que expresa la fórmula mágica que sostiene al mundo elemental. En el Santo Alfabeto Hebreo, el número cinco se expresa por la letra ה He.

Macrocosmo: se caracteriza por la fórmula planetaria y el número seis. Se ilustra de manera gráfica como el Sol rodeado de los seis planetas que reconocían los antiguos. Estos errantes celestiales que viajan a través del cinturón del Zodiaco, representan un orden superior al del mundo elemental y eran considerados por los antiguos como los componentes vivientes del cuerpo de Dios. La letra hebrea para representar el número seis es ו Vav.

La expresión más elevada del microcosmo es la de Hombre/Mujer y la máxima expresión del macrocosmo es Dios. La alineación perfecta del cinco microcósmico con el seis macrocósmico es el Gran Trabajo que se puede realizar y la meta espiritual de todos los que buscan la iluminación. Pero, ¿cómo se puede unir el cinco con el seis? Empecemos por analizar el segundo enunciado de la Tablilla de Esmeralda.

β

Como todas las cosas deben su existencia a la
voluntad del Único, así también todas las cosas
deben su origen a La Materia Única, la más
recóndita, por arreglo del Único Dios.

—*Tabula Smaragdina, v.II*

LA ÚNICA COSA
(EL CREADOR)
EL SOL ES SU PADRE
LA LUNA ES SU MADRE
EL VIENTO LO LLEVA EN SUS ALAS
LA TIERRA VIVA ES SU NODRIZA

EL ÚNICO
(EL PROTECTOR)

EL ÚNICO DIOS
(EL DIRECTOR)

PADRE DE

TODAS LAS COSAS
DEL UNIVERSO

Figura No. 3. La tríada de la deidad de
La Tabla de Esmeralda de Hermes.

A primera vista, la afirmación anterior puede parecer
una descripción un tanto redundante de los poderes
de la deidad. En realidad estamos refiriéndonos a tres

facetas de la deidad –*una en Esencia, pero tres en aspecto* (Ver la figura No. 3).

1) "**El Único**" a quien todas las cosas deben su *existencia*;

2) "**La Materia Única, la más recóndita**" a quien todas las cosas deben su *origen*; y

3) "**El Único Dios**" quien parece haber organizado toda la función.

"**La Materia Única, la más recóndita**" es el creador, una "Materia" oculta e inescrutable. Su misterio supremo es el secreto de cómo hizo su aparición desde una existencia negativa. Contiene todas las cosas, grandes y pequeñas. Verlo, conocerlo y aún el pensar en él, es tan imposible como tratar de ver la parte trasera de tu cabeza, girándola hacia atrás. En la Cábala, al primer Sefirot, Kether, se le conoce como "Temira De-Authiqin, el Oculto de lo Oculto".

"**El Único**" es el Que Sostiene; el *To On* de los griegos, o el *Tao* de Lao Tse. Si la "Materia Única" es el generador del poder, "el Único" es la electricidad en sí misma.

"**El Único Dios**" es el organizador y el director de todo lo que "La Materia Única" crea y de lo que "El Único" sostiene. Es el gran arquitecto del universo y el único aspecto del Factor Universal que la Tablilla de Esmeralda denomina "Dios".

Porque lo superior concuerda con lo inferior y lo inferior con lo superior, este factor tres veces grande trabaja en cada uno de nosotros, con la misma seguridad de que está en la dinámica de las partículas subatómicas y en las más lejanas galaxias. La percepción de este gran esquema y la absoluta comprensión de nuestro lugar en él, es la exacta definición de la iluminación.

Los sabios de la India, del Tíbet y de muchas otras partes, han catalogado con toda minuciosidad las etapas progresivas del estado consciente que lleva a este logro supremo.

La Cábala también analiza minuciosamente el mecanismo de la creación y expresa el proceso en el nombre inefable de Dios, י ה ו ה. Yod י el gran Padre, está ubicado en el Árbol de la Vida con la punta en Kether y su parte inferior en Chokmah (el segundo Sefirot), representando así el reflejo/la extensión del Único.

Este acto de reflexión principia una reacción en cadena de eventos cósmicos, por los que la naturaleza divina crea el universo desde sí mismo. He ה la gran Madre, reside en el tercer Sefirot, Binah. Ella recibe la infinita proyección del Yod, lo que aumenta Su capacidad para *envolver* en igual proporción a la capacidad de Yod, para *desenvolver*.

El Padre —Yod y la Madre —He, son infinitos recíprocos y definen la tríada excelsa de Kether-

Chokmah-Binah, la cual, aunque abstracta y no manifiesta, establece los patrones primordiales que darán forma a las características de los Sefirot inferiores que le siguen. Ver la figura 4, de la página 94.

La unión de Yod y de He resulta en la formación de dos descendientes arquetipos; un Hijo que está representado por la letra Vau ו en el nombre divino, y una Hija que se manifiesta como la letra final He ה. Cuando se proyectan sobre el Árbol de la Vida, el Hijo-waw se concentra en el sexto Sefirot, Tiphareth, pero comprende los Sefirot 4, 5, 6, 7, 8 y 9 —el área del árbol que por lo general se designa al macrocosmo. La Hija-He-final está ubicada en el Sefirot décimo, Malkuth, el Reino, que es el más bajo —la morada del universo material, el microcosmo y la isla del exilio espiritual del alma humana. Aunque Malkuth (y como consecuencia, la humanidad) se encuentra al fondo del tonel Cabalístico, pero aún así, es una posición única y maravillosa, porque aquí en el puesto de avanzada del imperio divino yace un tesoro escondido. Porque el *inferior concuerda con el superior*, el código genético de Kether y el universo comprometido y en evolución duerme como una semilla inactiva dentro de cada uno de nosotros.[12] Se necesita un jardinero para despertar y hacer germinar esta semilla y ese jardinero es Vau ו del nombre inefable, nuestro Santo Ángel de la Guarda.

---

12. "El cielo está en la tierra, pero de una manera terrenal; …Y la tierra está en el cielo, pero de una manera celestial." *Proclo*.

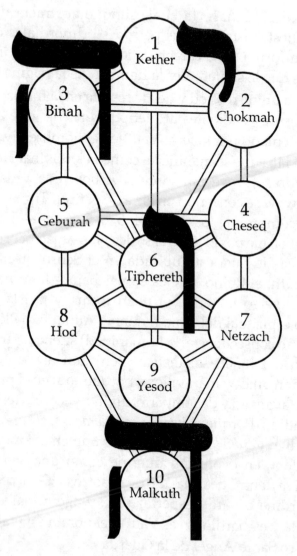

Figura 4. El inefable nombre que se proyecta sobre el Árbol de la Vida.

γ & δ

El padre de esa Materia Única es el Sol;
su madre es la Luna; el viento lo lleva en sus alas;
pero su nodriza es la Tierra viva.
Esa Materia Única (después de Dios) es el padre
de todas las cosas en el universo.
                    —Tabula Smaragdina, vs. III y IV

Como todos los libros sagrados auténticos, La Tablilla de Esmeralda está construida con tal perfección que de forma simultánea se dirige a todos los niveles de la existencia y de la conciencia.[13] Los misterios de sus trece versos cortos pueden aplicarse al Conocimiento y la Comunicación con el Santo Ángel Guardián, la transmutación alquímica del plomo en oro, o aún al dominio de un golpe de golf.

Los versículos mencionados arriba parecen contener una paradoja confusa. Si la "Materia Única" es realmente la única materia, ¿quién hizo a su padre el Sol, a su madre la Luna, al Viento su chofer y a su nodriza, llena de vitalidad, la Tierra? Tal vez nunca sepamos la respuesta hasta que nosotros mismos nos transformemos en la "Materia Única", pero por

---

13. Por esta razón, trabajos de esta naturaleza constituyen oráculos excelentes. El mismo hexagrama *I Ching* puede aconsejar a un hombre a aceptar un trabajo en el matadero y a otro cómo renunciar al último deseo oculto de su corazón que mantiene a su alma atada al engranaje del nacimiento y del renacimiento.

lo menos podemos establecer una base para una discusión futura si respondemos con una ambigüedad estilo Zen: "¡Lo hizo!" *Tanto arriba como abajo* —"La Materia Única" infunde todos los niveles de existencia. Desde lo más alto del cielo hasta lo más profundo del infierno, su padre es el Sol (de algún modo), su madre la Luna (de algún modo), es llevada por el Viento (de algún modo) y encuentra protección y alimentación en la Tierra, llena de vitalidad (de algún modo).

Los Cabalistas reconocerán que el verso que se menciona arriba, revela el patrón de la fórmula elemental como lo establece el י ה ו ה; El Sol es Yod-Fuego, la Luna es He-Agua, el viento es Vau-Aire y la nodriza es He (final)-Tierra. A la Tierra en el versículo Tres se le denomina "llena de vitalidad" como para recalcar la presencia viviente del Factor Universal, hasta en la profundidad del mundo elemental más bajo.

ε

Su poder es perfecto, después que se ha unido a una tierra llena de vitalidad.

—*Tabula Smaragdina, v.V*

Con esta frase, se establece la trama total del gran drama Hermético. Los personajes dramáticos son como sigue:

El Rey Yod, el Inescrutable[14]

La Deidad suprema, asiento del poder infinito, pero que no tiene reino para manifestar ese poder hasta que toma por esposa a

La Reina He, la insaciable[15]

Cuyas tierras y propiedades están en todas partes y en todas las cosas.

El Príncipe Vau... heredero al trono del Rey[16]

El apuesto primogénito del Rey Yod y de la Reina He, a quien, por estar apartado una generación del infinito poder de su Padre, no se le permite vivir en el palacio real y por eso establece un principado en la campiña macrocósmica.

La Princesa He-final[17]... heredera al trono de la Reina

La hermosa, pero ingenua hermana del Príncipe Vau, quien, por estar apartada dos generaciones del Rey y la Reina, ha sido afectada por un caso

---

14. Ain Soph que se centra en Kether y se extiende a Chokmah.

15. Consultar el capítulo II. La Reina He es el tercer Sefirot , Binah. (1-Kether-2,Chokmah-3 Binah, a quienes juntos se les conoce como la "Tríada Suprema", se encuentran ubicados sobre el abismo que separa lo ideal de lo real).

16. Consultar el Capítulo II. 4-Chesed, 5-Geburah, 6-Tiphareth 7-Netzach, 8-Hod y 9-Yesod (pero centrado en Tiphareth)—el Macrocosmo.

17. Consultar el capítulo II. La Princesa He-final es Malkuth, el décimo y último Sefirot. Se ubica al fondo del tronco de en medio del Árbol de la Vida, es el reflejo del reflejo (9-Yesod) del reflejo de (6-Tiphareth) del la suprema deidad (1-Kether).

severo de amnesia e ignora por completo sus derechos de nacimiento y de su parentesco con el Príncipe Vau. Es irremediablemente insegura y se identifica por completo con su lamentable estado microcósmico. Tiene una idea vaga del gran principado microcósmico. Algunas veces, en sus fantasías, sueña con el encuentro de un príncipe apuesto que la levantará de su vida servil, pero la mayor parte de su tiempo lo utiliza trabajando como actriz en un circuito cerrado de reestrenos de novelas y melodramas.

Como es evidente, nosotros somos la pobre Princesa He-final. Sólo que residimos dentro de las capas burdas de cada uno de nosotros mismos, en una porción perfecta de la deidad suprema (de hecho, este pequeño fragmento de la sustancia de Dios es nuestra verdadera identidad). Los seres humanos son tubos de laboratorio, únicos en su especie, que contienen una mezcla incongruente de lo más alto, de lo elevado y de lo más bajo, de lo inferior. Somos la "tierra llena de vitalidad" de la que se habla en la Tablilla de Esmeralda.

El Santo Ángel Guardián es, por supuesto, el Príncipe Vau, y el Verso Cinco nos revela ¡que él necesita a la Princesa tanto como ella lo necesita a él! *El poder será perfecto después de que se haya unido con la tierra llena de vitalidad.* La única forma en que la Princesa He-final podrá escapar de las interminables

llamadas a escena de las encarnaciones, será casán-
dose con el Príncipe Vau, y la única forma de que el
Príncipe Vau pueda recobrar su derecho de primogenitura para ser Rey será tomar por esposa a la
Princesa He-final. Cuando esto se lleve a cabo, *el poder
será perfecto*. El Príncipe embaraza a la Princesa y la
hace la Reina madre y esto mismo lo convierte en el
Rey padre. Así como se necesitaron "dos para bailar
tango" (Yod y He), para iniciar la creación/involu-
ción, así también se necesitan "dos para bailar tango"
(Vau y He-final) para empezar el ascenso/evolución
hacia la esencia divina.

ς

*Separen, con sumo cuidado, esa tierra llena de
vitalidad de la tierra dura y áspera por medio de
un calor suave*

—*Tabula Smaragdina, v. VI.*

En este punto, el aspirante bien puede preguntar, "si
mi Santo Ángel de la Guarda me necesita tanto, ¿por
qué no se abalanza, me levanta y me arrastra hacia
algún rito de fecundidad celestial?" La razón es simple. Tu Ángel Guardián está atado a un lugar porque
¡*tú* estás acumulando en un escondite la Tierra llena
de vitalidad! Tú y sólo tú, puedes sacar de ti mismo,
una porción utilizable de este valioso producto y
hacérselo llegar a tu Ángel. Para lograr esto, debes

procesarte a ti mismo como si fueras el elemento principal de un experimento químico y separar la tierra sutil y viva de tu tierra dura y áspera. Cuando el fuego sutil de la tierra con vida se libera, asciende y se quema a través de la membrana, hace que se separen el microcosmo y el macrocosmo y se torna en un dispositivo de encendido para que tu Ángel actúe.

No voy a discutir si esto suena como la trama de una novela barata de ciencia ficción y con toda razón, porque es, en realidad, la verdad implícita del andamiaje mitológico de la civilización occidental desde "la caída del hombre" hasta la trilogía de "La Guerra de las Galaxias".

Uno no puede lograr el Conocimiento y la Comunicación con el Santo Ángel Guardián sólo por seguir a ciegas los procedimientos copiados de un libro. Por más detalladas que sean las instrucciones de Abra-Melin, sólo nos proporcionan una fórmula elaborada de plegaria. En tiempos más modernos, Aleister Crowley destiló y afinó la fórmula de Abra-Melin en su obra maestra, *Liber Samekh*. Aún cuando de ninguna manera deseo menospreciar la importancia de estos textos clásicos, debo decir que en mi opinión, las invocaciones o plegarias al Santo Ángel Guardián que tienen más éxito las hacen individuos que no han practicado ninguno de los rituales antes mencionados. Llegaría tan lejos como para apostar que la mayoría de los "K of C'ers" no han oído jamás la palabra Hermetismo, ni tampoco se considerarían aspirantes, iniciados o magos. ¿Por qué el porcentaje de éxito entre estos místicos es tan alto si "no son profesionales"? ¿Acaso es que el macrocosmo tiene prejuicios contra todos aquellos que estudiamos el mapa de los caminos espirituales antes de emprender el viaje? En cierta forma sí, pero no porque seamos demasiado racionales o analíticos, sino porque con demasiada frecuencia es evidente que no somos lo suficientemente *románticos.*

El Sexto Verso de la Tablilla de Esmeralda nos dice que la tierra llena de vitalidad se separa *con mucho cuidado,* de la tierra dura y áspera, *por medio de un calor suave.*

Este calor suave es el Amor, y cualquiera que haya estado enamorado te podrá decir que en asuntos del corazón casi siempre estorba la mente; y también, que no se precisa ser un gran erudito para enamorarse profundamente.

La primera condición que se impone para generar el calor que necesitas en esta tarea de apartar la tierra llena de vitalidad de la tierra áspera, es estar herido de amor, en forma desesperada, por tu Ángel. Debes anhelar física, emocional y espiritualmente el toque de tu Ángel, con toda la intensidad pura de un adolescente, que con obsesión, se imagina un encuentro romántico con una estrella de cine o con un ídolo del rock. Cada acción de tu vida debe convertirse en un acto de devoción para tu amado. Te arreglas para parecerle atractivo a tu Ángel; duermes para que puedas soñar con tu Ángel; te rodeas de objetos y símbolos que te recuerden a tu Ángel.

Los hindúes denominan a este aspecto de la ciencia santa, Bankti yoga, unión con Dios por medio de la devoción y la consideran la ruta más rápida y más directa hacia la iluminación. La llama de la devoción se puede encender hacia cualquier objeto digno de culto. No importa si esta devoción se llame Krishna, Shiva, Cristo o Fred. Si la devoción se ofrece con pasión perfecta y directa, o sea *con suma atención*, la unión se llevará a cabo.[18] Ninguna religión, filosofía, culto, hermandad o escuela de pensamiento ha podido monopolizar el mercado de enamoramientos desesperados.

El ciclo de la vida humana nos presenta un reto frustrante. En nuestra juventud, antes de la llegada de las responsabilidades, arrepentimientos, recuerdos dolorosos y de cinismos espirituales, resultaría muy fácil lograr una devoción directa, pero la estridente descarga hormonal que sufrimos en esa etapa hace que nuestra devoción juvenil se encuentre bastante alejada de ese "calor suave" que se requiere para esta delicada experiencia. Por otra parte, el poder de concentración de los jóvenes es tan reducido que no prestamos *mucha atención* a ningún

---

18. Se considera que esta experiencia de Krishna o conciencia de Cristo, abre y activa el Anahata o chakra coronario del cuerpo físico humano. Este centro corresponde al sexto Sefirot (Tipharet, en el Árbol de la Vida), el punto central del macrocosmo y la morada del Ángel de la Guarda.

periodo significativo de tiempo. Confiamos que como adultos maduros, estemos ya lo suficientemente disciplinados para haber conquistado el poder de concentración para esta ecuación, pero para muchos de nosotros, los vientos del mundo frío y cruel, han extinguido todo, menos el piloto que puede encender nuestro fogón.

Con esto en mente, algunos de los más extraños señalamientos de las instrucciones de Abra-Melin tendrán más sentido. El mago debe tener más de 25 años, pero menos de 50. Él[19] debe estar bien establecido en la vida como para permitirse un retiro de los asuntos mundanos durante seis meses consecutivos, tiempo en que tendrá sólo el contacto mínimo con el mundo exterior. Si está casado, puede continuar ejerciendo de forma moderada sus deberes de esposo, pero bien sea que esté casado o soltero, debe hacer todo lo posible por retirarse del mundo de la materia. Se recomiendan reglas estrictas en lo referente a la dieta y un régimen de observancias piadosas, no como oblaciones mágicas, sino sólo para centrar la mente en el objeto de la experiencia. Después de dos meses, se intensifica la rutina diaria de oraciones,

---

19. Abraham el Judío, no trató de sensibilizarse de los sentimientos de un género neutral del siglo XX, y aunque es muy posible que nunca se haya imaginado que una mujer pudiera estar interesada en la Sagrada Magia o en asuntos relacionados, no da ninguna indicación en cuanto a que pueda ser practicada por miembros de cualquier sexo. También es muy claro que el género del Santo Ángel Guardián es cuestión de preferencias y trasciende todos los límites de la sexualidad humana.

confesiones y prácticas piadosas para ayudar a intensificar el anhelo del mago por el Ángel. Durante los dos últimos meses, las actividades se vuelven a intensificar. El mago se vuelve totalmente obsesivo respecto al deseo por el Ángel y está envuelto de forma constante en los rayos luminosos de la oración. Al final de los seis meses, en el clímax de una ceremonia que se ha preparado de manera muy elaborada, el mago es por fin recibido por el Ángel.

La descripción que hace Abraham el Judío de este momento, nos recuerda los escritos extáticos de Santa Teresa o el Cantar de los Cantares de Salomón, y deja al lector sin dudas respecto a la autenticidad de la experiencia.

ζ

En gran medida asciende de la tierra hacia el cielo y vuelve a descender, sobre la tierra, recién nacido, y lo superior y lo inferior aumentan su poder.

—*Tabula Smaragdina, v. VII*

El Séptimo Verso describe el proceso que acabamos de tratar; el fuego sutil de la tierra plagada de vitalidad se libera por el fervor del aspirante; asciende desde el plano microcósmico de Malkuth y vivifica al Santo Ángel de la Guarda en Tiphareth, quien después desciende para unirse con el mago y transformarlo.

Tanto el Mago como el Ángel sufren una metamorfosis, en realidad se convierten en una sola y nueva entidad.

Abra-Melin instruye al Mago recién identificado con el Ángel para que converse con el Ángel durante tres días, después de los cuales, bajo el asesoramiento del Ángel, los cuatro grandes Príncipes del mal, Lucifer, Leviatan, Satanás y Belial son llamados y se les exige un juramento de obediencia incondicional. Al día siguiente, el mago requiere la presencia de los ocho Sub-Príncipes, Astarot, Magot, Asmodee, Belcebú, Oriens, Paimon, Ariton y Amaimon, y les exige la misma promesa de servicio.

Al día siguiente los espíritus malignos que están bajo el comando de los ocho Sub-Príncipes son invocados y sometidos y así sucesivamente, hasta que todas las dominaciones del infierno se hayan presentado ante el mago angelical glorificado y hayan renunciado a cualquier propensión de soberanía que pudieran haber imaginado tener sobre su persona.

Parece extraño que después de seis meses de un trabajo riguroso para santificarte y poder unirte espiritualmente con el Santo Ángel Guardián, la primera acción que tu consejero espiritual requiere de ti, sea que tengas que tratar con los residentes de las regiones infernales. ¿Por qué, después de haber dado el gran paso hacia la divinidad, la primera acción es conjurar a los espíritus malignos? Se puede encontrar un indicio de esto en la segunda mitad del Séptimo Verso de la Tablilla de Esmeralda.

El mago no actúa en un vacío. El Conocimiento y la Comunicación con el Santo Ángel Guardián es, de forma literal, un evento de proporciones cósmicas. Todos los niveles de la conciencia y de la existencia se enriquecen con el equilibrio que el mago ha restaurado con su cuadrante del universo. Sin embargo, no sólo los ángeles celestiales se benefician con el regreso del hijo pródigo, *lo superior y lo inferior aumentan su poder.* Los espíritus de las moradas infernales también perciben una inyección de un poder nuevo en esta ocasión gloriosa. Si el mago no actúa con rapidez para poner vigilancia a esta nueva energía, será sorprendido y destruido en el instante en que empiece a disminuir el resplandor crepuscular de la presencia del Ángel.

Por el momento no es mi intención embarcarme en una larga oratoria sobre el carácter o sobre la existencia relativa de los espíritus infernales.[20] Avancemos simplemente en lo que queda de este pequeño ensayo y considerémoslos como los habitantes de los más bajos niveles del microcosmo, muestras desorganizadas y fragmentadas de energía, que cuando son dirigidas de forma adecuada, son responsables de ejecutar todo el trabajo pesado del universo. No obstante, como tigres de un circo, tienen el hábito detestable de desgarrar y devorar a cualquiera cuya

---

20. Consultar el capítulo VII, *Los Demonios Son Nuestros Amigos.*

destreza, valor y concentración no esté a la altura de cuidarlos adecuadamente.

Examinemos este aspecto de la acción de Abra-Melin en términos corporativos. Eres alguien con mucho talento, que ejerce el oficio de capataz (mago) y que ha tenido éxito en reclutar y entrenar a un grupo de trabajadores incultos e indisciplinados, extraídos de la peor parte de la ciudad (los espíritus infernales). Bajo tu estricta orientación, el equipo de rufianes logra incrementar la producción de la fábrica a tan altos niveles que tu excelente trabajo llama la atención del gerente de la compañía (Dios), quien te presenta a su hermosa hija, el Santo Ángel de la Guarda, de la que te enamoras perdidamente. Muy pronto tu tenacidad, tu encanto y tu extraordinaria habilidad para la conquista, ganan el corazón de la hija de tu jefe, quien se casa contigo y hace que te promuevan a un a gerencia de mandos superiores. Mientras tanto, en la fábrica, tu antiguo grupo de trabajadores no tiene un líder y se encuentra inquieto. Ya no cuentan con la alimentación adecuada y todo el día y toda la noche están sentados, sin hacer otra cosa que abusar de la maquinaria pesada y pensar en que los has desilusionado. En su sabiduría, Abra-Melin vio venir esta situación. Sus instrucciones son explícitas. En lugar de ignorar a los espíritus infernales, tu nueva esposa y tú regresarán a la fábrica tan pronto como haya terminado la luna de miel. La presentas y les explicas que es la hija del jefe y que ahora ellos estarán trabajando directamente para ambos en una capacidad nueva y de mayor responsabilidad, añadiendo que si ellos permanecen leales tú continuarás promoviéndolos conforme tú seas promovido.

Es preciso admitir que la analogía es ridícula, pero creo que captas la idea.

η

Poseerás por estos medios la gloria del mundo entero, y por lo tanto, toda oscuridad huirá de ti.

—*Tabula Smaragdina, v. VIII*

El Conocimiento y la Comunicación con el Santo Ángel Guardián trae consigo una visión clara y la realización del objetivo central de nuestra vida. No garantiza el fin de tus dificultades, por el contrario, una vez que te hayas centrado en la razón auténtica que has encarnado, todos tus pensamientos y acciones que no promuevan ese objetivo primordial se tornarán, en potencia, bastante peligrosos. En este punto de tu carrera espiritual no puede haber vacaciones del Gran Trabajo. Cualquier desviación del camino retrocede con la misma energía frenética como lo haría un giroscopio golpeado en su base. Esto no quiere decir que uno tiene que perder su sentido del humor o dejar de divertirse. Ninguna moral artificialmente autoritaria debería motivar la pureza de intención del aspirante fuera del deseo dinámico de no desperdiciar el tiempo y los recursos tan preciados.

$$\theta$$

Ésta es la fuerza poderosa de todas las fuerzas, ya que superará todo artificio y penetrará todo lo que sea sólido.

—*Tabula Smaragdina, V.IX*

Hasta ahora he hablado sobre la experiencia del Conocimiento y la Comunicación con el Santo Ángel de la Guarda como si fuera un suceso lineal, que se lleva a cabo en el tiempo y en el espacio (*Previo al Conocimiento y la Comunicación eres un pelmazo; después de obtener tu Ángel, ni los mosquitos te picarán*), pero la verdad llana, es que no existe tal cosa. Para el Factor Universal, no existe el "era" o el "será", ¡sólo existe el *es*!

El microcosmo ya *está* en perfecta alineación con el macrocosmo.
Tu Santo Ángel Guardián *es* uno contigo.
La He-final *es* una con Vau.
He ya *está* unida con Yod.

El aparente descenso del espíritu hasta la materia es sólo la ilusión de un defecto de digresión en la forma de percibir; una cascada de conocimiento, en la que cada nivel se olvida del nivel anterior. Las señales preliminares, tales como el Conocimiento y la Comunicación con el Santo Ángel Guardián no son peldaños de una escalera, más bien son cambios en el estado consciente, despertares. Podrías decir que el resto del universo ya ha organizado en armonía su acción y sólo espera que tú despiertes a este hecho.

La fuerza poderosa sobre todas las fuerzas de la que se habla en el Noveno Verso, está ya fluyendo favorablemente en cada parte del cosmos.

El hecho de que los antiguos estuvieran conscientes que podía superar cualquier objeto frágil y penetrar todo objeto sólido, es una especulación prehistórica sorprendente dentro del reino del *quantum* de la mecánica.

Todavía se desconoce la naturaleza de la materia. En el nivel subatómico, sus unidades básicas se comportan en forma simultánea como partículas y ondas, pero no son ni unas ni las otras.

Ni siquiera los físicos se comprometen a confirmar que la materia realmente existe, sólo aceptan que, como probabilidad matemática, posee *una tendencia* a existir. La alquimia divina de La Tablilla de Esmeralda de Hermes llega a profundidad hasta el corazón de la existencia.

ι

De esta manera el mundo fue creado, pero las
adaptaciones que siguieron a este camino están
ocultas.

—*Tabula Smaragdina, v. X*

Al acercarnos al final de este capítulo, vemos que la
Tablilla de Esmeralda nos deja a nosotros algunos
aspectos misteriosos. Nos molesta la enigmática se-
lección de palabras del Décimo Verso, no como un
camino oculto sino con detalles oscuros para la jornada. El camino se pone de manifiesto en el Primer
Verso, el proceso alquímico por el que nos prepara-
mos y equipamos para el viaje, se presenta de forma
admirable en los versos que le siguen. ¿Por qué entonces están tan encubiertos *los planes para seguir este*
camino? Tal vez sea porque la jornada es diferente
para cada uno de nosotros.

El Conocimiento y la Comunicación con el Santo
Ángel Guardián es una experiencia personal muy
intensa. Es casi imposible compartir con otra persona
los detalles de tu relación angelical, porque con toda
seguridad, no podría reconocer tu panteón mitológico de imágenes o la matriz del vocabulario espiritual
tan diferente que hace que la experiencia sea real para
ti. Mi Ángel se aterrorizaría. Sería el colmo de la
presunción y de la ignorancia que otro tratara de

juzgar la veracidad de la experiencia de alguien más, o que tratara de imponer su propia clarividencia en otra persona. Algunos amigos y hasta otros que deberían saber más al respecto, me han abrumado tratando de informarme ¡que *su* ángel tenía un mensaje urgente para mí!

Los comentarios expuestos deberían aplicarse también a todos los campos de investigación espiritual. Una de las principales deficiencias de las meditaciones guiadas y de la búsqueda del camino, es la insistencia de los líderes de grupo que desorientan al afirmar que todos "ven" imágenes generalizadas en cada una de las trayectorias o Sefirots.

El descartar tus propias clarividencias y permitirle a otro individuo o a algún grupo que programen tu psique, es la manera más rápida que se me ocurre para que te conviertas en un lisiado espiritual. *Los planes para seguir este camino son ocultos*, así que procura ser en extremo cauteloso con quienes te insistan en que ellos te pueden mostrar el camino.

ℵ

Por esta razón me llaman Chiram Telat Macha-sot, uno en Esencia, pero tres en aspecto.
—*Tabula Smaragdina, v. XI*

No trataré de dar a entender que pretendo conocer el idioma caldeo. Cualquier intento de mi parte por parecer misterioso, erudito y reservado en esta materia, sería descubierto al instante por todos los lectores serios y bien informados y yo quedaría como alguien francamente fraudulento. Lo más que puedo hacer es pedirte que te unas a mí mientras reflexiono, para mis adentros, sobre los tres últimos versos de la Tablilla de Esmeralda de Hermes y espero que mis palabras no vayan a obstaculizar indebidamente tu meditación sobre el tema.

Las primeras palabras de la Tablilla de Esmeralda mencionan el Trabajo Secreto de "Chiram Telat Mechasot"; Chiram es el Factor Universal y las otras palabras se traducen en forma aproximada como "uno en Esencia, pero tres en aspecto". En su obra *Lost Keys of Freemasonry*,[21] Manly Palmer Hall declara que se cree que el Chiram de la Tablilla de Esmeralda es la representación más temprana de "Hiram", el Maestro Constructor y gran arquitecto del Templo del Rey Salomón y el héroe principal de la mitología masónica.[22]

Más delante cita una fuente antigua y anónima que nos proporciona más pistas en lo concerniente al nacimiento de la preciosa tierra colmada de vitalidad.

---

21. Consultar la nota 8 al pie de la página 86.

22. Basándose en el dialecto hebreo y en los símbolos para la pronunciación la H y la Ch (ה y ח) se pueden pronunciar igual.

Chiram puede interpretarse por medio del Notariqon Cabalístico, combinando las palabras hebreas Chamah (Fuego), Rauch (Aire) y Majim (Agua). Estos tres principios no son los elementos por sí mismos sino las raíces básicas de los elementos.[23] El Chiram triple es el padre de los cuatro bloques fundamentales en la construcción de la naturaleza: el fuego, el agua, el aire y la tierra; y actúa, en su estado inmóvil, como el fuego eléctrico primordial, pero cuando se mueve, se manifiesta como la luz visible. Cuando se enfoca y se agita, esta luz produce calor y literalmente se transforma en fuego corporal. Cuando se combina con la humedad que producen estos tres aspectos (el fuego básico, el agua y el aire), el Chiram se solidifica como sangre coagulada, para procrear el universo material y la Tierra. Y, así como la sangre, la tierra llena de vitalidad esconde la imagen perfecta y vívida del Creador en cada una de sus células.

$$\lambda$$

En esta Trinidad está oculta la sabiduría de todo el mundo.

—*Tabula Smaragdina, V. XII*

La fórmula alquímica de la creación es un proceso de incesto divino. ¿Podría ser de otra manera? Un Dios

---

23. Consultar *The Sepher Yetsira*, versos 10, 11, 12. Carlo Suarès (Boston: Shambhala, 1976), páginas 73-74.

inescrutable, cuya mismísima existencia y potencialidad para crear, se debe a Su triple naturaleza que ejercita los tres aspectos de Su ser y produce así tres condiciones o hijos. Los hijos se mezclan entre sí en varias permutaciones y el Chiram, excitado por alguna motivación desconocida, se desposa con la amalgama de su progenie y los inyecta con esperma de Dios, lo suficientemente concentrado como para iniciar el proceso creativo y poder fertilizar cada uno de los niveles del ser y de la conciencia, hasta llegar al universo material y a ti y a mí.

Al destilar la esencia divina de nuestra tierra llena de vitalidad y lograr el Conocimiento y la Comunicación con nuestro Santo Ángel de la Guarda, damos el primer paso para revertir el proceso alquímico de la creación y el regreso inevitable a nuestra condición original.

$$\mu$$

Ya se ha terminado lo que tenía que decir relacionado con los efectos del Sol.

—Tabula Smaragdina V. XIII

Con este extraño epílogo, la Tablilla de Esmeralda de Hermes llega a su fin. Descubrimos que los grandes procesos alquímicos descritos en los versos anteriores son "los efectos del Sol".

Como discutiré en el Capítulo IV. El Sol es el dios de nuestro sistema solar, y la energía solar, literalmente creó la vida como la conocemos. Esta energía, esta luz y calor vivificantes son meramente un derivado del matrimonio de los núcleos de dos átomos de hidrógeno, el más ligero y el elemento más común en el universo. El "matrimonio" no es la descripción más exacta del evento.

Los dos núcleos, en realidad se funden por las fuerzas titánicas de la gravedad y el calor para dar origen al núcleo de un elemento nuevo y más pesado, el helio, al que se llama así porque fue descubierto por primera vez en el Sol.

De igual manera, el Conocimiento y la Conversación con nuestro Santo Ángel de la Guarda, no es un matrimonio, sino una fusión. El 1 no se suma a otro para convertirse en 2; el 1 se fusiona al 1 para convertirse en un 1, nuevo, independiente y con resplandor propio. En el más preciso sentido de la palabra, el mago y el Ángel se convierten en una Estrella.

> *¿No es acaso Mercurio, el Dios-Sol, quien se esconde durante la Noche, entre las almas de los muertos? ¡Honor a Ti, oh Trismegistus!, ¡Honor a Ti![24]*

---

24. Rito de Mercurio, los Ritos de Eleusis, *The Equinox*, Vol. I. No. 6 (York Beach, Me: Samuel Weiser, 1992) página 104.

El Trabajo Secreto de Chiram Telat Mechasot
(Chiram, el Factor Universal,
uno en Essencia,
pero tres en
aspecto).

Capítulo IV

La Precesión de los Equinoccios y las Metamorfosis de los Dioses

Ahora hablaré sobre las cosas que cambian,
un Nuevo Ser de entre los antiguos:
ya que vosotros, ¡Oh Dioses!
crearon mutables a las artes y a los Dones,
dadme la voz para anunciar
la cambiante historia del mundo,
desde su principio hasta la hora presente.

—Ovid
Las Metamorfosis[1]

---

1. Traducido por Horace Gregory (New York; Viking, 1958) p. 31.

IV

Confieso que ya estoy lo bastante viejo para recordar con conmovedora nostalgia la edad de oro hippy (1966-1969). Mi esposa y yo, involucrados en la moda de los Beatles, lo vegetariano, el yoga, la astrología y el misticismo, *nos sentimos atraídos* hacia las variaciones más sensibles de la expansión química de la mente. Dejamos la universidad, la compleja industria militar y todo compromiso con las fórmulas sociales y espirituales de las generaciones anteriores, y nos adentramos en la vorágine de una profunda polarización universal de la percepción. Los artistas y los jóvenes fueron los primeros en resultar perjudicados: lo admitieras o no, el mundo acababa de cambiar de forma radical. Si tú eras de los que se percataban, te veías envuelto en la realización de un sinfín de posibilidades, un mundo con paz, la erradicación de enfermedades y del hambre, los viajes espaciales, la iluminación espiritual —todo parecía posible y a nuestro alcance. Aquellos que no se daban cuenta, incluyendo a miembros de la familia, políticos y estrellas de cine, eran considerados trogloditas peligrosos, que colaboraban con los maestros de la esclavitud y adoraban a los antiguos dioses falsos de la avaricia, de la violencia y de la ignorancia por el proceso de autoinduccion. Fueron muchas y muy pintorescas las variaciones dentro de esta sinfonía del cambio, y Bob Dylan con voz suave y llorosa expresó claramente su tema principal: *Por los tiempos que están cambiando.*

No faltaron teorías que propusieran una explicación para este fenómeno cultural. El gobierno lo atribuía a las incitaciones comunistas; la milicia recriminaba al gobierno liberal; los directores de las escuelas lo achacaban a la televisión y a los compasivos consejos para educar a los hijos que daba el Dr. Benjamin Spock; los de extrema derecha inculpaban a una supuesta conspiración judía internacional, al agua tratada con fluoruro y a Elvis Presley, quien a su vez lo achacaba a los Beatles; y los cristianos fanáticos de casi todas las denominaciones del amplio espectro ecuménico proclamaban que por fin había llegado el tan esperado holocausto universal profetizado en la Biblia. Finalmente, una ironía cultural que tal vez sólo pudo haber sucedido en la América del Siglo XX, un gran éxito de Broadway acerca de los hippies, reveló la causa cósmica de esta manifestación de optimismo eufórico y de este desasosiego desenfrenado: *El amanecer de la Era de Acuario.*

Algunos de los sucesos acaecidos en las décadas que siguieron a los turbulentos años de los 60, han demostrado que fueron un poco prematuros para nuestras expectativas de una utopía del milenio; pero una visión más amplia a la historia humana y a la evolución cultural, confirma que realmente se está viviendo una Era de cambios radicales. Ahora que, si miramos un poco más atrás en la historia, nos sería posible observar otros periodos de transición; y si lo hacemos a intervalos regulares a través de la línea de tiempo, veremos que estas breves chispas encienden la atmósfera de la época y definen su fórmula espiritual dominante, intelectual y social.

El Gran Año Astrológico
26,000 años constituidos por 12 periodos de 2,166 años

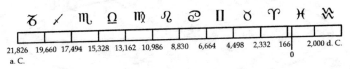

| 21,826 a. C. | 19,660 | 17,494 | 15,328 | 13,162 | 10,986 | 8,830 | 6,664 | 4,498 | 2,332 | 166 / 0 | 2,000 d. C. |

Figura 5. Los Astrólogos difieren en las fechas exactas de las Épocas, pero existe un consenso general de que la Era de Acuario empieza un poco antes o después del año 2000 d. C.

Las señales a lo largo de la línea del tiempo y los nombres de las Eras varían dependiendo de nuestra disciplina espiritual y científica. La escala del arqueólogo está marcada por la Edad de Hielo, la Edad de Piedra, la Edad de Bronce, la Edad de Cobre y la Edad de Hierro. Los sociólogos piensan en términos del Oscurantismo y del Siglo de las Luces o Ilustración. Los griegos y los hindúes le cantaban a la felicidad

perfecta y a la armonía de la Edad de Oro (Satya
Yuga), cuando los humanos caminaban junto con
los Dioses; a la justicia y al esclarecimiento o iluminación de la Edad de Plata (Tetra Yuga); a la ley y al
fortalecimiento de la integridad de la Edad de Bronce
(Dwapara Yuga); y también, a la violencia y a la
degeneración moral de una Edad de Hierro (Kali
Yuga). Para el que estudia el Hermetismo Occidental,
una línea de tiempo, por muy significativa que sea,
es determinada por el movimiento relativo de los
cuerpos celestes.

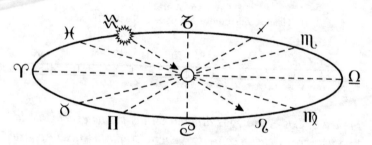

*Figura 6. El diagrama ilustra, en forma rudimentaria, la posi-
ción relativa del Sol y de la Tierra (geocéntrico) en el Equinoccio
de Primavera en la Era de Acuario. Dos mil ciento sesenta y seis
años antes, el Sol estaba en el signo de Piscis; y otros 2,166 años
antes, estaba en el signo de Aries, etc. Es importante observar
cuando el Sol está "en" Acuario (desde el punto de vista de la
Tierra), la Tierra está "en" Leo (desde el punto de vista del Sol).
Hablando de manera figurada, cuando el Sol está en Acuario,
tanto el Sol como la Tierra están "shish-kabobed" sobre el polo
de Acuario –Leo. Las características de cada signo zodiacal están
marcadas por la influencia de su opuesto polar.*

Por lo menos desde el tercer milenio a. C., los astrólogos védicos ya estaban conscientes de la forma esférica de la Tierra, de la ley de la gravedad y del heliocentrismo del sistema solar. Varios siglos de observaciones, también los llevó a suponer que nuestro Sol y el sistema solar giraban en una trayectoria elíptica alrededor de un Sol dual, o de algún otro punto inescrutable en la galaxia. Al observar la posición relativa del Sol con respecto al círculo zodiacal en el equinoccio de primavera, el astro no llega a su posición inicial del año anterior[2] lo que ocasiona una pérdida aproximada de un grado cada setenta y dos años. Como consecuencia de esto, parecería que el Sol retrocediera a lo largo del círculo zodiacal en la proporción aproximada de un signo zodiacal cada dos mil ciento sesenta años.[3] Debido a que las observaciones antiguas se llevaban a cabo en el equinoccio de primavera, a este fenómeno de movimiento retrógrado se le llamó "Precesión de los Equinoccios".

Durante su jornada anual de doce meses, el Sol avanza a través del zodiaco, cuyos signos sirven de símbolos a los cambios de "estación" sobre la Tierra.

---

2. En realidad, este fenómeno se ocasiona por un bamboleo del eje terrestre en extremo lento, el cual como un trompo que está girando, traza círculos en el espacio con sus polos norte y sur.

3. Los Astrólogos están en desacuerdo respecto a la longitud exacta de las edades astrológicas, proporcionan estimados que van de los 2,000 a los 2,400 años. Para efecto de este tratado, utilizaré un cálculo moderno comúnmente aceptado de 2,166 años. Esto resulta en un Gran Año Astrológico de 26,000 años (12 periodos de 2,166.66) durante el cual el círculo zodiacal da un recorrido completo.

Durante los 26,000 años del Gran Año, el Sol retrocede a través del zodiaco y sus signos son los símbolos de las "estaciones" espirituales, que a su vez son las diversas etapas de la evolución del estado consciente de la humanidad. El punto central de este capítulo, es el impulso y la trayectoria de este crecimiento espiritual, ya que en realidad, es este movimiento el que vivifica la metamorfosis de los dioses.

¿Un panteón individual?

Bajo el riesgo de ser catalogado como un chauvinista solar, confirmaré un hecho que cualquier astrólogo que no esté de alguna forma acabado y tenga un criterio limitado, debe admitir como verdadero, aunque sea de mala gana. El Sol es el dios del zodiaco y su primera y más importante obligación es sencillamente la de proporcionar el aspecto de la posición en un continuum espacio–tiempo. Sin este punto de referencia no habría círculo del zodiaco, porque no habría un punto de partida para que se pudiera proyectar uno; no habría ningún tiempo cuya frágil existencia requiera un punto de triangulación desde el cual se pueda observar el movimiento relativo de los cuerpos celestes, y lo que es más importante, ¡no estaríamos nosotros!

La energía solar (bien sea de nuestro propio Sol o de anteriores generaciones ancestrales), literalmente creó la Tierra, la Luna y a nuestros vecinos planetarios. La transformación de la luz del Sol establece y sostiene todo tipo de vida. En realidad, en el pequeño rincón de nuestro universo, el Sol, no es sólo el símbolo de un dios, es un dios. Esto no quiere decir que la Luna, los planetas, las estrellas aisladas, las estrellas fijas, los asteroides, los cometas, los agujeros negros y todos los otros dignatarios celestes aún no descubiertos, no sean también dioses. Pero para nosotros que estamos en la Tierra, la influencia de estas otras deidades puede llegar a ser, en última instancia, una realidad a través de, o por la acción o relación con el Sol.[4]

Panteones locales

Existe evidencia suficiente como para demostrar que desde los tiempos prehistóricos, el Sol era honrado como una deidad por las diversas culturas que surgieron en el mundo. Era todavía más común, venerar un panteón de diosas y dioses que al principio representaban una variedad de poderes naturales en asuntos relativos a la vida diaria de la población y del área geográfica regional. Nuestros antepasados de la

---

4. El lector puede argumentar, con toda razón, que la Luna y los diversos planetas, mientras recorren las casas y los signos, también sirven para concentrar la energía zodiacal sobre la Tierra. Aunque esto es verdad, se debe recordar que cada uno de estos satélites debe al Sol su identidad individual como luminaria y su posición y órbita de influencia. En el análisis final, toda actividad lunar y planetaria es un aspecto del dominio solar.

Edad de Piedra tenían dioses del trueno, de la caza, y dioses de la fertilidad, quienes años más tarde se conocerían como Zeus, Artemisa y Afrodita; y que poco después, a unos cuantos cientos de kilómetros de distancia, se llamarían Jove o Júpiter, Diana y Venus. El paso del tiempo no aniquila a dioses como estos, así como el Sol no se destruye al pasar de un signo a otro en la Precesión de los Equinoccios. Más bien, son los dioses los que han sufrido cambios en sus características e importancia en los panteones o templos. Esta metamorfosis también ilustra los cambios que acompañan a las principales revueltas sociales y geopolíticas, tales como el hecho de que la diosa de una cultura se convierta en la esposa o la madre de su consorte anterior o del dios de una tribu, ciudad o nación que haya conquistado en batalla a sus seguidores.

Para el mago ceremonial, cada uno de los dioses puede dar una imagen subjetiva y fácil de visualizar de un aspecto específico de su propia y compleja naturaleza psicológica y espiritual. Entrar en una relación funcional con un dios (invocación, evocación, exaltación, oración, etc.) es hacer contacto, activar, asimilar o dirigir la faceta particular de nuestro propio ser personificada por el dios. Como hemos visto, las personalidades de los dioses son mutantes y cambian, a veces de forma sutil, otras de manera radical, con cada paso de la evolución de la conciencia de nuestra raza. Para poder funcionar con máxima eficacia y seguridad cuando se invoca a un dios de cualquier panteón, el mago no debe tener ambigüedades sino estar a tono con el cambio más reciente. Zeus, Artemisa y Afrodita, así como los dioses de todos los tiempos y culturas, están vivos y bien adentrados en la Era de Acuario, pero los medios por los que ejercen sus poderes sobre la psique moderna, difieren, de forma significativa, de aquellos que profesaron en sus encarnaciones de la Edad de Bronce. Es posible que el mago moderno que desee invocar la presencia fuerte y agresiva de Marte, no se encuentre preparado, ni emocional ni éticamente, para manejar una manifestación de embriaguez, cruenta y lujuriosa, que era la tarjeta de presentación normal del dios de Homero, Ares.

Para entender mejor el impulso del cambio a lo largo de la línea del tiempo de las Eras astrológicas, demos un vistazo a algunos puntos sobresalientes antropológicos, culturales y espirituales, que caracterizaron a las épocas históricas importantes del Hermetismo Occidental.

♌

LA ERA DE LEO (10,996 a. C. a 8830 a. C.)
Polo de ♌ — ♒

El final del último Periodo Glacial coincidió con el principio de la Era de Leo. Sin embargo, mucho antes, alrededor del año 35,000 a. C., el *Homo sapiens* ya comenzaba a desplazar a los *Neandertales*, como parte de un grupo cuya forma de vida era la caza y la recolección, y que se extendió a través del mediterráneo oriental hasta llegar a Alemania y Dinamarca. Al inicio de la Era de Leo, existían ya algunos cazadores avanzados de la Europa continental que moldeaban unas figurillas de la "diosa" de la fertilidad, pero parece haber sido el culto a los animales y la magia de la caza, la forma dominante de la expresión espiritual. "Hero-king" un cazador, miembro de una tribu, a quien mataron durante la caza y hasta tal vez comido junto con los animales muertos, fue venerado como un dios. Así pues, esta forma de vida se mantuvo en muchas comunidades hasta épocas bastante posteriores: el héroe que sacrificaba su vida por la supervivencia de su gente figura entre los primeros dioses de los panteones prehistóricos, y como "consorte" de la Gran Diosa, ocuparía un lugar que podría variar de acuerdo a los cambios en sus obligaciones conforme progresaran los tiempos.

LA ERA DE CÁNCER (8830, a.C. a 6664 a.C.)
Polo de ♋ — ♑

Este periodo se ha señalado como la Revolución Neolítica, ya que la humanidad empezaba a ejercer un control consciente sobre la naturaleza. En el Cercano Oriente se iniciaron los cultivos para varias especies de plantas y la domesticación de algunos animales. En muchas regiones, la vida nómada para la caza fue remplazada por el asentamiento en aldeas y pueblos, necesario para el cultivo organizado de las cosechas. Más tarde, en la Era de Cáncer, se empezarían a desarrollar las artesanías para uso doméstico, como el hilado de textiles y los trabajos de alfarería.

En la ciudad de Jericó, donde era común decapitar a los muertos y enterrarlos en la misma casa, la población sumó 2,000 habitantes en el año 8,000 a. C. En este mismo periodo se fundó Creta. En ambos lugares se han desenterrado figuras femeninas esculpidas y efigies fálicas, remanentes del culto a la fertilidad.

II
LA ERA DE GÉMINIS (6664 a. C. a 4498 a. C.)
Polo de ♊ — ⚹

El primer asentamiento Sumerio se estableció, alrededor del año 6000 a. C., en la baja Mesopotamia. Durante este periodo, los avances en tecnología de riego y otras mejoras para la agricultura contribuyeron a la proliferación de poblaciones y de nuevas ciudades sobrepobladas. La unificación de los idiomas,[5] aspecto primario de Géminis Mercurial, llevó al desarrollo de la industria y el comercio.

---

5. Investigaciones modernas señalan la existencia , alrededor del año 5000 a. C., de una lengua original (Proto indoeuropea) de la que evolucionaron los idiomas dominantes del Occidente.

Aún en medio de las preocupaciones de la vida urbana, la religión parece todavía estar centrada en el misterio de la fertilidad, la fecundidad de los humanos, de las cosechas, de los animales domésticos y de las bestias para la caza. Durante esta Era, la figura de la Gran Diosa cambió en forma dramática, tomó una imagen triple de doncella, madre y hechicera. Además, a su consorte masculino, la víctima del sacrificio, se le representaba montado en un toro o leopardo sin domar, símbolo de la naturaleza del animal dotado con arneses. Conforme la Era astrológica de Tauro empezaba a despertar, los cuernos extendidos del toro se convirtieron en el símbolo universal de la víctima del sacrificio: el amante de la Diosa.

℧

LA ERA DE TAURO (4498 a. C. a 2332 a. C.)
Polo de ♉ — ♏

A la Era de Tauro se le puede llamar en realidad, el nacimiento de la civilización, ya que presidió la creación de las culturas que serían los cimientos del pensamiento Occidental, de la tecnología y de la religión. A partir de aquí, los símbolos y el significado de las Eras zodiacales se vuelven más comprensibles para el estudioso moderno, ya que fue durante este periodo que el arte de la astrología llegó al cenit y los doce signos, como los conocemos hoy en día, recibieron sus nombres y sus atributos. Este fue también el

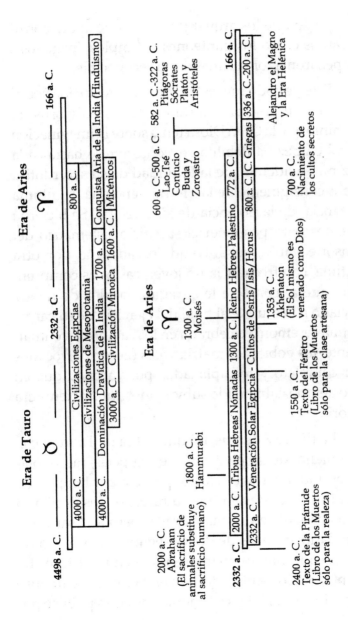

Figura 7. Líneas del Tiempo de Aries y Tauro - Aries

tiempo en que los arquetipos de lo que ahora consideramos como los panteones o templos "paganos", empezaron a tomar una forma reconocible.

Este periodo fue testigo de una revolución social y sexual en la jerarquía de los cultos religiosos. El dominio que la Gran Diosa tenía sobre la imaginación racial empezó a debilitarse, conforme se hacía cada vez más evidente que la fertilidad de su sacerdotisa y por consiguiente de la Tierra, dependía, en última instancia, de la potencia de su consorte. Se hicieron arreglos para posponer el sacrificio sistemático del consorte varón, sustituyéndolo cada año por otra víctima, con frecuencia un joven casto. Es comprensible que al consorte le agradara la idea de no ser enviado a la muerte al final del ejercicio de su cargo, en una ceremonia celebrada en los campos; eventualmente, los gobiernos matriarcales fueron derrocados por completo y reemplazados por varones, que en otro tiempo habían sido subyugados. Su emblema era el toro.

La figura 7 demuestra que la Era de Tauro vio el nacimiento de las civilizaciones egipcias, mesopotámicas, indias y minoicas. Los panteones y templos de los dioses de estas y otras culturas, se desarrollaron paralelamente en forma extraña, pero a pesar de la popularidad de las deidades regionales, el icono religioso que predominaba siguió siendo el toro. En Egipto, el dios Apis, adorado en la forma de un toro sagrado, dominó las ceremonias de culto público por más de mil años. Sin embargo, los sacerdotes que en privado rendían culto al toro, lo veneraban de diferente manera.

Como se indicó con anterioridad, cuando el Sol está "en" un signo, desde el punto de vista de la Tierra, la Tierra está "en" el signo opuesto desde la perspectiva del Sol. Los sabios de Egipto fueron de los primeros en darse cuenta que mientras nuestros cuerpos físicos son criaturas de la Tierra, nuestros cuerpos espirituales o identidades reales, son seres solares. En otras palabras, en la Era de Tauro, nuestro cuerpo físico y nuestra vida mundana estaban influenciados por las energías que se filtraban a través del Sol de Tauro, pero nuestra condición espiritual se veía afectada directamente por los rayos de Escorpión que no se filtraban. Teniendo esto en cuenta, no es de sorprender que los mismos sacerdotes, que de manera pública conducían al toro de Apis engalanado con joyas para ser sacrificado, llevaran en su frente el símbolo de la serpiente o áspid sagrada, uno de los símbolos de Escorpión más sagrados y secretos.[6]

♈
LA ERA DE ARIES (2332 a. C. a 166 a. C.)
Polo de ♈ — ♎

El Sol es exaltado en Aries y en Egipto, la gran Era astrológica de Aries presenció un despliegue de

---

6. Los otros dos símbolos de Escorpión son el águila y por supuesto, el escorpión.

formas espléndidas para la adoración solar. Durante más de dos mil años, el culto a Osiris, Isis y Horus, incrustó el juego pasional de las aventuras diarias y anuales del Sol en lo profundo de la conciencia de la gente y promovió la creación de panteones colaterales para dioses y diosas, de tan sublime fuerza y perfección, que sin dificultad alguna se remontaron en el tiempo para despertar en la psique moderna. La identificación con los ciclos solares trajo consigo tal obsesión por la muerte y la resurrección, que al principio de la Era dominaron las reflexiones espirituales de la realeza.[7] Más tarde, durante el periodo, los artesanos y sepultureros se volvían aptos para la vida eterna.[8] Uno podía asegurar su propia continuidad de existencia después de la muerte, con la apropiada identificación mágica y con el mismo poder divino que es responsable del diario y anual renacimiento del Sol: el dios Osiris glorificado, asesinado y resucitado. Esta teoría mágica es precisamente la misma que acepta el cristianismo y que marca a otros cultos menos conocidos. Esto último lo trataré a mayor profundidad en la última sección de este capítulo.

En 1353 a. C., el péndulo de la adoración solar egipcia llegó a su máxima oscilación cuando el rey Akhenaten quiso darle un trono al dios Aton, el disco

7. *The Book of the Dead* (Pyramid Text c. 2400 a. C.). Wallis E.A. Budge, *The Book of the Dead* (New York: Dover, 1967), página 3.

8. *The Book of the Dead* (Coffin Text c. 1550 a. C.) *The Egyptian Coffin Texts*, por Adriaan de Buck (Chicago: The Oriental Institute of the University of Chicago, Oriental Institute Publications, 1935).

solar en sí mismo, proclamándolo como la deidad estatal, y retirando la ayuda gubernamental a cualquier otro culto. Esta moción resultó ser inadecuada en el aspecto político y una grave *faux pas* (metida de pata) social. El culto real a Aton no sobrevivió por mucho tiempo después de la muerte de Akhenaten. Su hijo Smenkhare y descendiente inmediato vivió para gobernar por menos de un año, y al sucederle Tutankhamun, su culto se difamó y su nombre fue borrado de todos los edificios públicos. Un poco después, los sacerdotes de Amoun recuperaron la "estabilidad" en los dos territorios.

Marte rige sobre Aries, por lo que no es extraño observar que los más grandes avances tecnológicos del principio de la Era de Aries, se dieran en torno al armamento de guerra. Esta fue la época de la guerra de Troya. A mediados de la Era de Aries, en la que dominaron los hititas, el hierro fundido era el gran secreto militar para asegurar el dominio político y religioso de cualquier ejército que lo manejara. Los hititas fueron también los primeros en adaptar la escritura cuneiforme a su lengua, lo que dio origen a lo que ahora llamamos formas clásicas Griegas de Alineación de la A y la B, las cuales se fueron difundiendo dada la dinámica del comercio internacional. La fama que alcanzaron estas formas de escritura sería el inicio del auténtico salto cuántico de alfabetización que el mundo no había, hasta entonces, experimentado.

El estudioso moderno identifica muy bien a los dioses de la Era de Aries. Sólo se necesita leer *La Iliada* de Homero para darse cuenta de sus aventuras y de cómo el panteón griego había penetrado en el alma Helénica. El panteón de los sumerios también se embelleció cuando lo adoptaron los semitas, así como lo hicieron una variedad de las otras culturas, incluyendo aquellas que con el tiempo darían forma a las tradiciones tan adaptables del judaísmo.

Los eruditos de la Biblia sostienen que Abraham, el gran patriarca de los judíos, cristianos y musulmanes, vivió aproximadamente hacia el año 2000 a. C. (al inicio de la Era de Aries) y que Moisés, el gran legislador de las mismas tres religiones vivió por el año 1300 a. C.[9] (a la mitad de la Era de Aries). En todo caso si es o no verídica la existencia histórica[10] de estos dos personajes, de todas maneras es interesante hacer notar los evidentes paralelos del simbolismo astrológico que involucran sus mitos.

Como mencioné con anterioridad, la Era de Tauro se caracterizó en muchas culturas por el sacrificio anual o bienal del consorte de la diosa o sacerdotisa. Más tarde, esto se estilizó al sustituirlo

---

9. Consultar la figura 7 de la página 133.

10. Todavía hay un poco de debate sobre la validez histórica del Rey Hammurabi de Babilonia, un gran gobernante cuyas leyes le fueron dadas por el Dios Sol de Babilonia (una versión anterior del Jah de los semitas) y que estaban grabadas sobre una estela de basalto, cuya forma es de manera suspicaz, sugerente de las Tablas de la ley entregadas a Moisés.

por un joven[11] en lugar del consorte, una práctica que, según algunas autoridades, destituyó de su papel a la diosa o sacerdotisa y llevó a la promoción de dioses masculinos y al establecimiento de los patriarcados.

La primera parte de este argumento se ejemplifica con bastante claridad en la narración bíblica de Abraham, el fundador de las grandes religiones patriarcales.

Abraham vino de "Ur de los Caldeos",[12] la Babilonia gobernada por los Acadios. En obediencia a su Dios,[13] estuvo a punto de sacrificar a su joven hijo Isaac, en holocausto al Señor cuando él...

Levantó Abraham los ojos, miró y vio un carnero que tenía los cuernos trabados en un zarzal; fue Abraham, tomó el carnero y lo sacrificó en holocausto en lugar de su hijo. (Génesis 23: 13)

---

11. Una ceremonia siniestra de sacrificio que se practicó en Esparta durante la Edad de Bronce y por toda la península italiana, que presagiaba varios de los acontecimientos importantes de las "Estaciones del *Via Crucis*". Para asegurarse la cosecha futura y en honor de Artemisa, el Rey Bendito (un adolescente virgen), era atado o clavado a un árbol sagrado, quien después era azotado con ramas de sauce hasta que la flagelación le indujera una erección involuntaria y una eyaculación. Sólo hasta que el campo quedara fertilizado con la mezcla de su sangre y su semen, el Rey Bendito era ejecutado. Jesús también fue azotado, colgado de un árbol y forzado a que le saliera sangre y *agua* antes de morir.

12. Génesis, capítulo 11, versículo 28.

13. Génesis, capítulo 22, versículo 2.

En la alborada de la Era de Aries, el Carnero, el principal personaje mitológico de la Era, modificó de manera mágica la forma fundamental de la expresión religiosa, al sustituir el sacrificio humano por el de animales. El símbolo del sacrificio de la Era anterior era el toro, animal que la naturaleza había enjaezado pero no había domado; ahora la víctima sagrada era el carnero o la oveja, el símbolo del animal dominado por la naturaleza y que había sido subyugado y explotado por los humanos para su subsistencia, bienestar y comercio.

Tampoco olvidemos que en la Era de Aries la Tierra y el Sol se empalmaron sobre el polo de Aries y de Libra (ver la figura 6 de la página 124). Durante este periodo, la influencia de Libra, cuyas escalas de justicia equilibran las energías de sus vecinos celestes Escorpión y Virgo, es en particular significativa cuando observamos los principales cambios sociales originados por la introducción de las *leyes* y por el desarrollo formal de las instituciones legales. El gran gobernante de Babilonia, Hammurabi, reinó durante los primeros años de esta Era. Moisés, por tradición descendió del Monte Sinaí con los Diez Mandamientos en el cenit de la Era de Aries. Es muy interesante observar que para el año 166 a. C., cuando la Era de Aries y Libra terminaba, todo el mundo Occidental era gobernado por las leyes de hierro de Roma y vigilado por la organización militar más grande del mundo que jamás se hubiera visto.

En los últimos quinientos años de la Era de Aries se sufrió tal explosión de energía científica, cultural y religiosa, que 2,500 años después todavía nos estamos tambaleando debido al impacto. Karl Jaspers,[14] el gran existencialista del siglo XX, llamó a esta Era el "periodo axial", el tiempo de las grandes transiciones en la conciencia humana, cuando la visión mundial abre paso a la especulación filosófica. Desde un punto de vista de vital importancia, esto fue lo que ocasionó la muerte de los dioses. La deidad se concebía ahora en términos de un dinamismo unificado. En Palestina, los profetas, Elías, Jeremías y Deutero-Isaías o Segundo Isaías, arremetieron contra el mundo semítico con una combinación desenfrenada de misticismo y de terror. Las *Upanisads* (escritura hindú mística y esotérica) de la India y de Grecia en la época de oro de las ciudades estatales, eran sacadas del intelecto y de las filosofías que continuaban alimentando al alma Occidental. Durante doscientos cortos años, Pitágoras, Sócrates, Platón y Aristóteles dedicarían su vida a la enseñanza, y Alejandro el Grande, discípulo de Aristóteles, conquistaría y Helenisaría al mundo (introduciría las costumbres, la cultura y el arte de los griegos). En un solo siglo entre los años 600 a. C. y 500 a. C., pasaron por la Tierra, Lao-Tse, Confucio, Buda y Zoroastro.[15]

---

14. (1883-1969).

15. El famoso terapeuta R. D. Potter, después de examinar la línea del tiempo de estos venerables, comentó, "¡Dios mío!, ¡todos estos tipos pudieron haber tenido el mismo psiquiatra!"

♓

LA ERA DE PISCIS (166 a. C. al año 2000 d. C.)
Polo de ♓ — ♍

Una fábula Helénica relata cómo Afrodita y su hijo Eros eran perseguidos por el dios demonio llamado Typhon. Para escapar de su destrucción, se transformaron en dos peces, unieron sus colas y se escondieron bajo las aguas del río Éufrates. Esta encantadora leyenda es una alegoría extraordinaria de una Era que atentaba a favor de la supresión del amor erótico y natural, y que posiblemente lo hubiera logrado al entrar en el curso de nuestra mente subconsciente. Auténtico en estilo, este amor reprimido volvería a la superficie en la misma mitad de la Era de Piscis-Virgo como *amor*, un amor noble y como culto a la Virginidad.

Aunque nos parezca difícil, si examinamos con detenimiento los periodos prehistóricos, podremos observar que cada Era empieza con un nivel de estrés social que dispara una intensa polarización espiritual. Casi se podría decir que, con el amanecer de cada nueva Era, algunas personas se vuelven más ingeniosas y brillantes mientras el resto de los idiotas planean mejores formas de hacer del mundo un lugar menos agradable. Con el paso de cada Era, nos volvemos al mismo tiempo mejores y peores, y los dioses inevitablemente reflejan ambos extremos. Para el místico de la Era de Piscis, el concepto de sacrificio se volvió más abstracto y estilizado pues se

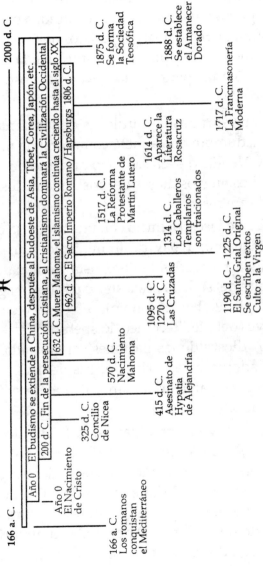

Era de Piscis

166 a. C. ————————— **2000 d. C.**

Año 0 El budismo se extiende a China, después al Sudoeste de Asia, Tíbet, Corea, Japón, etc.

200 d. C. Fin de la persecución cristiana, el cristianismo dominará la Civilización Occidental

632 d. C. Muere Mahoma, el islamismo continúa creciendo hasta el siglo XX

962 d. C. El Sacro Imperio Romano/Hapsburgs 1806 d. C.

Año 0
El Nacimiento
de Cristo

166 a. C.
Los romanos
conquistan
el Mediterráneo

325 d. C.
Concilio
de Nicea

570 d. C.
Nacimiento
Mahoma

415 d. C.
Asesinato de
Hypatia
de Alejandría

1095 d. C.
1270 d. C.
Las Cruzadas

1517 d. C.
La Reforma
Protestante de
Martín Lutero

1314 d. C.
Los Caballeros
Templarios
son traicionados

1190 d. C. - 1225 d. C.
El Santo Grial Original
Se escriben textos
Culto a la Virgen

1614 d. C.
Aparece la
Literatura
Rosacruz

1717 d. C.
La Francmasonería
Moderna

1875 d. C.
Se forma
la Sociedad
Teosófica

1888 d. C.
Se establece
el Amanecer
Dorado

Figura 8. Líneas del Tiempo de Piscis

trataba del sacrificio de uno mismo. En muchos cultos el pan, el grano y el vino fueron sustituidos por una ofrenda animal. Sin embargo, para los que no tenían una franquicia social, política y espiritual, la nueva Era intensificó un periodo de trabajo fatigoso y de brutalidad.

Fueron retiradas las sutilezas de las almas de una muchedumbre que anheló con nostalgia un salvador rey Neolítico —el sacrificio humano de carne y sangre. Los nuevos dioses del cristianismo los proveerían de ambos.

La Era de Piscis se inició con una promesa dorada de orden mundial y de iluminismo. Tan cruel como pueda parecerles la conquista Romana a los susceptibles del siglo XX, ésta sirvió para propagar la tecnología, la alfabetización y un nivel de vida más alto a través del Mediterráneo. Respetuosos en extremo de los dioses de las naciones conquistadas, los romanos adoptaron a varias de esas deidades y las colocaron en el panteón Romano, al lado de sus dioses de estado.

En Grecia y en otras partes, la forma libre de celebrar los cultos orgiásticos de la Era anterior, fue bien afinada e institucionalizada dentro de la categoría estructural de las escuelas del misterio. Los Misterios Eleusinos, que habían florecido durante la mejor parte de la Era de Aries, todavía atraerían a miles de seguidores hasta bien entrada la Era Cristiana. Por más de un milenio, la gran obra pasional, *El rapto de Perséfone*, reflejó en su sublime perfección los versátiles papeles de los dioses de la antigüedad.

El mito solar básico se cristalizó en las liturgias de múltiples religiones cuyo objeto de adoración y forma de salvación era un "dios agonizante". Entre todos, el más notable era el Mitraísmo, la gran religión misteriosa de Persia, en extremo popular en la alborada de la Era de Piscis, cuya atracción era en realidad universal y bienvenida por los miembros de todos los estratos de la sociedad. Esclavos, nobles, campesinos, mercaderes y soldados, todos querían purificarse en la sangre del toro sacrificado, todos querían estar protegidos después de la muerte por su deidad solar, todos eran hermanos e iguales en el templo del Mitraísmo. Divulgada por los ejércitos de Roma, el Mitraísmo era la única religión viviente que de forma seria retaba al predominio del cristianismo. Para poder conquistar a este Dios Sol, la nueva fe cristiana se vio obligada a poner su propio Dios Sol. Para hacerlo, tuvo que adoptar prácticamente todas las tradiciones reconocibles y las doctrinas del Mitraísmo.[16]

---

16. Según la tradición, el nacimiento de Mitra en una cueva (el 25 de diciembre) fue atestiguado por unos pastores a los que una hueste de ángeles les informó del evento. Mitra era el mediador entre Dios y la humanidad. Después de haber sido purificado con la sangre de un toro sacrificado, se consideraba al creyente como purificado y elegible para la resurrección y para la vida eterna. Al comer panes, que eran símbolo del cuerpo divino, y beber vino consagrado, símbolo de la sangre divina, los iniciados del culto conmemoraban el momento de su salvación. Mitra regresará un día para "pastorear" las almas de los muertos y llevarlas a la mansión celeste.

El Mitraísmo no fue la única religión que sufrió plagios descarados de manos de los padres fundadores del cristianismo. Las similitudes entre los mitos paganos, las narraciones de Osiris, Horus, Tamuz, Alcestes, Dionisio, Jesús, Hesus, Crite, Krishna, Buda, Apolo, Sakia, Quirino, etc., son tan numerosas como irrisorias.[17] Pero no seamos demasiado ligeros para condenar esta muestra de piratería religiosa. Tan despreciable como nos pueda parecer hoy en día, nos proporciona una mirada prístina al "trabajo sucio" mortal que hay detrás de la metamorfosis de los dioses.

Por romántico e inverosímil que se considere, tal parece que había un grupo de individuos quienes, por lo menos al principio, concordaban con la nueva fórmula mágica de la Era que apenas iniciaba. Sin embargo, al contrario de los hacedores de dioses del pasado, quienes alteraban y aumentaban los detalles de los mitos populares para poder reflejar con mayor exactitud las realidades cambiantes de la política y de la religión *local*, este grupo de simpatizantes y aquellos que se inspiraban en ellos, hicieron un

---

17. Jesús y Krishna nacieron de una virgen; el nacimiento de ambos fue precedido por la matanza de todos los infantes varones en los alrededores; ambos fueron crucificados en un árbol; sus cuerpos fueron horadados; ambos resucitaron de la muerte; Horus y Jesús tuvieron dos hermanas como enfermeras (Isis y Neftis, María y Elizabeth); los dos fueron llevados de forma sobrenatural a la cima de una montaña para ser tentados y confrontados por un adversario supremo, Set o Satanás; Krishna, Jesús y Horus ascendieron en cuerpo y alma al Cielo, ¡Jesús y Horus lo hicieron desde "el monte de los olivos!"

esfuerzo consciente para reunir y encauzar el impulso espiritual de cada movimiento religioso que fuese significativo, para poder después concentrar esa energía en un nuevo dios ecuménico. No parecía un proyecto tan desequilibrado. Después de todo, el mundo estaba unificado en el aspecto geopolítico por un gobierno único en Roma, ¿por qué entonces no podía existir una sola religión universal? ¿La católica?

De manera ambiciosa, la nueva fe trató de extraer la esencia de los múltiples y apasionados dramas de las religiones populares —por lo general alegorías solares, y sacar de ellos los atributos y poderes de los dioses de todos los tiempos, hasta llegar a dos (más tarde tres) personajes:

El Panteón Exotérico o Público de Piscis

- *Ptah, Amón, Osiris, El, Baal, Júpiter, Jove* y por supuesto, todos los dictadores masculinos de los dioses, ahora se llamarían Jehová, el Padre, a quien se le identificó con el celoso e iracundo legislador de la mitología hebrea. Tal como lo habían hecho los reyes sagrados del final de la Era de Tauro, él aseguraría la cosecha, salvaría a su pueblo y perpetuaría su propia vida al sacrificar a su hijo primogénito.

- *Horus, Dionisio, Hermes, Apolo, Krishna, Mitra, Eros, Hércules, Orfeo, Sol Invicto (Júpiter)*, y todos los descendientes varones de un padre dios, (y en muchos casos de una madre mortal), a quien se le consideraría como el mediador accesible entre el padre y la humanidad; el guía de las almas de los muertos a reinos más felices; o quien actúa como el dios agonizante, sacrificándose a sí mismo, para rescatar a una humanidad infame; o el que procede en el juicio de las almas de los muertos, ahora conocido como Jesucristo. A este nuevo Hijo de Dios se le identificaría históricamente con un Palestino potencialmente poderoso, que reclamaría el trono de David y con un ascético maestro y curandero oriental que fue martirizado.

- *Isis, Hathor, Hera, Deméter, Inanna, Astarté, Vesta, Afrodita, Venus* y todos vestigios de las grandes diosas, se identificarían como la Virgen María. Al principio de la historia de la Iglesia, María no recibía ni oraciones ni veneración. Se le relegaba a una casi completa oscuridad como la sumisa y obediente "incubadora" del Cristo Niño. La iglesia, siempre consciente de que el dios de Abraham no toleraría ninguna doctrina que diera pie, ni siquiera en apariencia, a un regreso al matriarcado pagano o al politeísmo, sin embargo, con el tiempo se vio obligada a ignorar las memorias raciales para deificar a María como la Madre de Dios y Reina de los Cielos. Los cultos de castidad y pureza que se daban a Vesta y a Diana, empezaron a ser asimilados a conveniencia de los monasterios y conventos cristianos para monjas. Hasta Sofía, la insondable diosa gnóstica de la sabiduría, encontró su lugar, (si bien un tanto disimulado por el aspecto unisex del "Espíritu Santo") como mera compañera y parte de la Santísima Trinidad.

La Fórmula Mágica de Piscis

Como en toda Era, la fórmula mágica y espiritual de la Era de Piscis fue determinada por los elementos visibles de la naturaleza. Nuestros antepasados de esta Era, veían a la naturaleza como un ciclo que consistía en el nacimiento, el desenlace o catástrofe y el renacimiento. (Los magos ceremoniales reconocerán esta triple concepción como la fórmula básica INRI/IAO[18]). Atados aún al concepto de sacrificio, pero dispuestos a llevar la idea a una octava espiritual más alta, estos antecesores adoptaron la ceremonia de la Eucaristía para permitir que todos los devotos participaran de forma simbólica en el sacrificio catastrófico del dios moribundo y compartir con él su resurrección. Así como Abraham, en la alborada de la Era de Aries, se dice modificó la forma fundamental de la expresión religiosa de la Era anterior al introducir el sacrificio de animales en lugar del sacrificio humano, en este amanecer de la Era de Piscis, es a Cristo a quien se le concede el crédito de haber

18. I – Virgo, Isis, madre poderosa; N – Escorpión, Apophis, destructor; R – Sol, Osiris, asesinado y resucitado; Isis, Apophis, Osiris – IAO.

modificado la forma fundamental de la expresión religiosa al sustituir el pan y el vino —símbolos de la Propia Identidad, el único sacrificio verdadero— en lugar de la carne y la sangre de un animal.

Sin embargo, el ingenio místico de la nueva fórmula de sacrificio propio, se quedaría atrás comparado con el sorprendente éxito político que acompañó a la propagación de la nueva fe. Tal como los primeros discípulos esperaban, su religión híbrida tomó poder en todo el mundo. Aquellos que heredarían el timón o gobierno de la iglesia, fueron ubicados en posiciones ventajosas para poder hacer a su medida la religión que el mundo Occidental ya estaba programado a aceptar de manera incondicional. Desafortunadamente, este lujo llevó a conformar una religión por encomienda, cuyo resultado produjo la creación de un conjunto de doctrinas que abrazaron el más bajo común denominador de ideas espirituales. Todos los demás elementos, incluyendo muchos de los conceptos que dieron nacimiento al cristianismo, se tacharon de heréticos y fueron aplastados con crueldad. Las experiencias personales prodigiosas y de clarividencia que surgieron como una epidemia en la iglesia naciente y que se fueron esparciendo, como el concepto de Cristo resucitado, fueron denunciadas como alucinaciones peligrosas, inspiradas por Satanás e imposibles de comprobar. Dichas revelaciones personales sirvieron sólo para enlodar las aguas doctrinales de la nueva y parcialmente concretada iglesia. *Una Fe Ciega* en la realidad histórica de una virgen que da a luz, en la vida, muerte y resurrección de Jesús, se convirtieron en el único acto necesario para alcanzar la salvación; además, la condición para continuar siendo elegibles para el paraíso dependía de una absoluta entrega a la jerarquía totalitaria de la iglesia.

Para el objetivo que persigo, no es necesario detenerme en las intrigas, los excesos, los crímenes y las atrocidades que caracterizaron la formación de las doctrinas segregadas de la iglesia cristiana.[19] Es suficiente decir que contribuyeron generosamente al colapso final de la civilización clásica y engendraron un periodo de casi dos mil años de un letargo espiritual forzado, mientras que la experiencia mística directa, la exploración espiritual y el estudio, se practicaban bajo el riesgo de la propia vida.

Esto no significa negar que de vez en cuando, durante la Era de Piscis se dieran gloriosos destellos de luz, pero para evitar riesgos, aún la retahíla de filósofos magos que engalanaron el Renacimiento hicieron esfuerzos absurdos para esconder su brillo en pleno. Fue hasta finales de la Era de Piscis cuando la iglesia empezó a soltar la opresión y dominio absoluto del alma occidental, y como esta parte del mundo había yacido tanto tiempo en la oscuridad, los que recién despertaban para buscar la luz se encontraron muy alejados de las fuentes doradas de su

---

19. Consultar el capítulo VI, *Demonio sé mi Dios.*

derecho de primogenitura espiritual. Para que ellos pudieran desenterrar las auténticas joyas espirituales que se habían formado en la Era de Piscis, se vieron obligados a explorar la sabiduría del Oriente y cavar a profundidad en el mundo prohibido de las herejías occidentales.

♒

LA ERA DE ACUARIO (2000 d. C. a 4166 d. D.)
Polo de ♒ — ♌

> *Los dioses de una Era se convierten en los demonios de la siguiente. Los sacerdotes esperan con interés la Era por venir y sólo ven el fin del mundo.*

Como no me fue concedido el don de la profecía, no pretendo predecir los detalles de lo que será adorado en la Era de Acuario. Me atreveré, sin embargo, a vaticinar que los dioses de la Era de Acuario serán diametralmente opuestos a los dioses de la Era de Piscis. Hoy ya se puede vislumbrar por todo el mundo la decadencia de los patriarcados represivos que dominaron los últimos dos mil años y es casi cómico darse cuenta de lo ineptas y miopes que parecen las instituciones antiguas cuando se yuxtaponen a las metas coherentes de los derechos humanos universales, de los movimientos femeninos y de la conciencia global del medio ambiente.

Supongo que resulta algo muy natural para los que participan en una revolución, despreciar y convertir en demonios los iconos de la administración derrocada. La primera iglesia Cristiana perpetró una leyenda afirmando que al momento de nacer Cristo, todos los oráculos de la antigüedad enmudecieron y que un marinero egipcio llamado Thamus escuchó una voz sobrenatural que lo llamaba desde la isla de Paxi y le anunciaba: "Thamus, ¡el gran dios Pan ha muerto!"[20] Así de dudosa como pueda parecer esta narración, desde un punto de vista histórico, sirve para ilustrar mi punto. Pan, quien empezó su vida como el seductor y travieso dios de los pastores de Tracia, con el tiempo se transformó en el símbolo eminente de *todos* los dioses paganos, y su complexión robusta con cuernos y patas hendidas, se convirtió en la mismísima imagen de Satanás, el príncipe del mal de la Era de Piscis.

¿Acaso esto quiere decir que Jesucristo se convertirá en el demonio de la Era de Acuario?

20. El "grandioso Tamuz", Dios Sol de los babilonios, a quien habían matado las fuerzas del mal, pero que eventualmente resucitó por su madre y esposa Istar, era venerado por todo el Mediterráneo hasta ya entrada la Era Cristiana. Así como el Viernes Santo, el cristianismo viste de luto a sus iglesias y lamenta la crucifixión de Jesús, el sagrado mantra *Thamus Pan-megas Tethnëce* ("¡el grandioso Tamuz ha muerto!") se salmodiaba con mucha ceremonia durante el solsticio de verano por los devotos de Tamuz para recordar la muerte anual de su Dios redentor y pastor. Es más creíble que si Tamuz, el marinero escuchó algo, fue éste bien conocido cántico, ya que la veneración de Pan permaneció viva por unos dos siglos después de este supuesto epitafio.

Probablemente no, pero el significado espiritual de su deidad será, con toda probabilidad, drásticamente diferente del que detallaron las doctrinas exotéricas (públicas) de los últimos dos mil años, y con seguridad, hasta los últimos vestigios de la Era de Piscis aparecerán organizaciones que afirmen que el nuevo ímpetu espiritual es "el anti-Jehová, el anti-Alá, el anti-Cristo" y que los dioses de la nueva Era son demonios.

Después de muchos años de destierro en la *amanita muscaria*, en la exuberante Isla de Patmos, San Juan Evangelista, llamado también el Divino, escribió su visión de los imponentes y terribles sucesos que caracterizarían el final de su Era. Esta *revelación* estaba pletórica de extraños y vívidos personajes espirituales, tales como los Siete Ángeles, los Cuatro Jinetes, el Cordero, el León de Judá, un águila, una mujer vestida del Sol con la Luna bajo sus pies, un dragón enorme y feroz, la serpiente llamada Demonio y Satanás, el arcángel Miguel, bestias salvajes, una del Mar y otra de la Tierra, y tal vez el personaje más destacado entre todos —Babylon el Grande, la Madre de Harlots y de las Abominaciones de la Tierra. Es ella la que se embriaga con la sangre de los santos mártires, un acto que sirve como un catalizador para la derrota crítica de los enemigos del Cordero.

Como sucede con frecuencia, cuando se explora la literatura Cabalística, los villanos de la narrativa exotérica se convierten en los héroes de la interpretación esotérica y viceversa. Como es natural, al principio de cada ciclo, los dioses de la nueva Era aparecerán primero un tanto siniestros. Mientras más se compromete uno con la fórmula mágica de la edad antigua, más extraños y perversos nos parecerán los nuevos dioses. Teniendo en cuenta que Juan, o quien haya escrito el libro que se le atribuye a él, estaba sensibilizado respecto a los cambios espirituales y al amanecer de la Era de Piscis, ¿podríamos en justicia esperar que fuera un intérprete imparcial de las imágenes proféticas que simbolizan las fuerzas, que en dos mil años, llevarían a su fin la Era de su amado salvador? Tal vez para nosotros, la Ramera de Babilonia, el gran Dragón o aún la Bestia 666, son personificaciones espirituales saludables de la mecánica de un crecimiento repentino de una nueva Era.

El equinoccio de los dioses y el panteón mágico del nuevo eón

Antes de seguir adelante, quisiera hablar brevemente acerca de una más de las líneas del tiempo de las Eras, ya que es de singular importancia respecto al tema de los panteones mágicos. Para entender esta línea del tiempo, debemos conjuntar lo que hemos aprendido sobre las Eras astrológicas y ver la historia desde una perspectiva más amplia. Este diagrama no se mide por años o por Eras astrológicas, más bien sus líneas divisorias se fijan por las más fundamentales etapas evolutivas de la conciencia humana y se relacionan en forma directa con nuestras más básicas percepciones de la realidad.

No hay dios más poderoso que aquel que domina la autoimagen universal de la raza. Cada vez que esta autoimagen se modifica, la fórmula mágica, que expresa la esencia de la personalidad de este "dios", también cambia. De manera periódica, conforme nuestra conciencia se expande y la comprensión de nosotros mismos y del universo mejora, descubrimos que nuestras antiguas formas de negociar, incluyendo la magia, ya no son eficaces. Al inicio de esos periodos, al cambio espiritual profundo se le llama el *Equinoccio de los Dioses* y según un amplio espectro de magos ceremoniales modernos, el planeta ha experimentado uno en tiempos recientes.

A principios del siglo XX, Aleister Crowley[21] postuló que dentro de la memoria racial ha habido tres eones mágicos, a los que les asignó el gobierno de los tres principales dioses de Egipto: Isis, Osiris y Horus.[22] Acabamos de entrar[23] al Eón de Horus;

---

21. (1875-1946) Sin importar la opinión personal que tengamos de Crowley, sus escritos mágicos continúan siendo una fuente invaluable para los estudiosos del Hermetismo Occidental, especialmente sus explicaciones de la naturaleza de los eones mágicos.

22. Isis, Osiris y Horus representan el prototipo de la madre, el padre y el hijo, respectivamente. Para una explicación más amplia de sus aventuras míticas, consultar *The Magic of Thelema*, (York Beach, ME: Samuel Weiser, 1993) página 8.

23. Según Crowley, la fecha fue el 20 de marzo de 1904, a las 12:00 p.m., Cairo, Egipto. Consultar *The Equinox of the Gods (Scottsdale, AZ: New Falcon Publications, 1992).*

el eón anterior fue el de Osiris y el previo a éste fue el de Isis.

El lector se puede preguntar ¿qué modificación en la conciencia humana podría ser tan universal como para justificar un Equinoccio de los Dioses? La respuesta, que no debe sorprendernos, involucra la percepción evolutiva de la humanidad de nuestra relación con el Sol, el dios principal de nuestro sistema solar. Para que entendamos mejor el significado mágico de este nuevo eón, tomemos un momento para rastrear la trayectoria sobre la cual nuestra conciencia evolutiva solar nos ha impulsado durante los dos últimos eones.

El Eón de Isis

La Fórmula de la Gran Diosa: Nos es imposible determinar con precisión el amanecer del Eón de Isis. Como aprendimos en nuestra disertación acerca de las Eras astrológicas, ciertas evidencias del culto que se le rendía a la Gran Diosa se remontan hasta la Era de Leo. En este periodo, cuando la humanidad estaba luchando con los primeros intentos para lograr un intercambio social, el misterio más imponente que pudiera estimular la imaginación fue el poder de la mujer. Más que ningún otro portento observable, la mujer era la más semejante a un dios. Cada mes, coincidiendo con los ciclos rítmicos de la Luna, tenía una pérdida de sangre. Sin embargo, de forma milagrosa, no moría. Cuando el ciclo de sangrado terminaba, sus senos y su vientre se expandían durante nueve Lunas, hasta que reventaba y brotaba agua y una nueva vida.

Porque los primeros seres de la Era de Isis aún no estaban conscientes de la causa y efecto de una relación entre el sexo y el nacimiento, les parecía que sólo la mujer era la fuente y origen de la vida humana. Sus poderes para dar vida no se limitaban a la sangre y al nacimiento, ya que de sus senos fluía leche, una sangre rica y blanca para alimentar y sostener la nueva vida que ella había creado. La mujer era la personificación humana de la Tierra misma, la que parecía producir de forma espontánea la vegetación y los animales que se necesitaban para alimentar a la raza. Era la más evidente manifestación de un hecho de vida —la Tierra era la madre— la madre era la vida —dios era la mujer. Estar en armonía con la fórmula de la Gran Diosa era profundamente sencillo, y siempre y cuando se percibiera de forma universal, que la vida y el alimento venían de manera directa de la Tierra y de la mujer, todos los esfuerzos exitosos, las prácticas mágicas y las expresiones religiosas le rendían culto.

Esta realidad observable estaba grabada en lo más profundo de la mente de nuestros antepasados, y fue mucho después de que ellos resolvieron el misterio del nacimiento de los bebés cuando se aferraron con tenacidad a las formas externas del culto que se le rendía a la Diosa y fundamentaban todas las instituciones sociales y religiosas en su fórmula. Sin embargo, con el tiempo, conforme crecía nuestro entendimiento del universo, fuimos confrontados con una perspectiva mundial más complicada y con nuevos e inquietantes misterios.

El Eón de Osiris

La Fórmula del Dios Agonizante: Aunque la fórmula del dios agonizante se cristalizó en las religiones y en las instituciones de la Era astrológica de Piscis, el Eón de Osiris inició mucho antes.

Al llegar las sociedades agrícolas se necesitó un mayor entendimiento de los ciclos de las estaciones. Los labriegos de la Era de Osiris empezaron a reconocer los efectos de la luz del Sol y los efectos que la falta de ésta tenía sobre la vegetación. Comenzaron a observar cómo en ciertas épocas del año, los días se volvían más cortos y los cultivos no crecían. Con el tiempo se dieron cuenta que aunque la Tierra *daba vida*, la suprema energía creadora que estimulaba esa vida provenía del Sol. Junto con este hallazgo estaba el reconocimiento universal del papel vital que el hombre jugaba en el proceso creativo. Así como la vida de las plantas necesitaba los rayos cálidos y penetrantes del Sol para poder desarrollarse, así también, la mujer necesitaba recibir el esperma masculino para evitar quedarse para siempre estéril. El concepto, hasta entonces ignorado, de la *paternidad* se convirtió en un tema dominante. El Eón de Osiris en verdad empezó cuando nuestros antepasados elevaron sus ojos al cielo y despertaron a la realidad de que la vida en la Tierra era un consorcio entre el Sol y la Tierra y que la vida de las personas venía de la unión del hombre y la mujer. Sin embargo, este consorcio no se percibía como una igualdad entre los dos y como descubrimos al tratar sobre la Era astrológica de Tauro, la reacción violenta del hombre fue severa y sin misericordia. La Deidad era ahora un hombre, el padre, y su poder se equiparaba al del Sol.

A pesar de que este cambio de conocimiento se dio a partir de una evaluación de los hechos de la vida, resultó ser más exacta que la realizada en el Eón de Isis pero todavía no fue lo suficientemente exacta. Una deficiencia en la percepción de los hechos sumió a nuestros antecesores de la Era de Osiris en una crisis de oscura y aterradora inseguridad, ocasionando un trauma tan severo al género humano, que todavía estamos sufriendo sus efectos. Esta falla nos llevó a cambiar nuestra percepción del misterio de la procedencia de la vida a una preocupación obsesiva por la muerte.

El trágico malentendido se centró en la creencia de que el Sol nacía todos los días al amanecer en el oriente y moría por las tardes en el occidente. Abundaron las especulaciones respecto al lugar a donde se iba el Sol muerto durante la oscuridad de la noche y dudaban si uno nuevo volvería a aparecer en el oriente. Pensaban que tal vez se retiraba al mundo de los muertos, a donde de forma transitoria, vamos en nuestra *pequeña muerte* nocturna durante el sueño. Los temores y fantasías de nuestros sueños formaron los prototipos del cielo y del infierno, y, después de nuestra muerte ¿quién podría juzgar mejor el lugar que merecemos, que el mismo Sol muerto que nos creó y nutrió durante nuestra permanencia sobre la Tierra? Este es en principio, el papel que el dios Osiris desempeñaría en la mitología de los egipcios y la actuación de Cristo en el cristianismo.

Para complicar aún más estos temores, las escapadas anuales del Sol, ocasionaban aún más angustia. Año con año durante el verano, en el cenit de la potencia del Sol, se notaba que al paso de los días, éste salía y se ocultaba cada vez más hacia sur.[24] Alrededor del tiempo de la siega, los días se volvían notoriamente más cortos y el espectro de los campos en los que ya se había levantado la cosecha, acentuaban los árboles sin hojas y la hierba tostada, como si se esbozara un retrato melancólico y aterrador de la naturaleza en *artículo de muerte*. Ya era bastante perturbador ver cómo el Sol se desaparecía por completo todos los días, pero si continuaba dirigiéndose hacia el sur hasta que la noche se perpetuara, ¿cuánto

---

24. Estas direcciones representan la situación en el Hemisferio Norte, ya que en el Hemisferio Sur el viraje es, por supuesto, de forma inversa.

tiempo podría sobrevivir el mundo en una oscuridad helada, hasta que un nuevo Sol apareciera?

En un esfuerzo por calmar los nervios destrozados ocasionados por tales reflexiones, unos cuantos sabios respiraron profundo y trataron de examinar la imagen global. Cierto es que el Sol se muere y se oculta todos los días al atardecer, pero años de observación y el testimonio de los ancianos de la comunidad indicaron que nadie recordaba un solo día en el que no volviera a salir en el oriente en un periodo relativamente corto de tiempo. Cierto es también que el Sol se debilita y casi muere cada año, pero las mismas opiniones y testificaciones revelaron que a la larga, revierte su trayectoria hacia el sur y los días se vuelven de nuevo más largos hasta que un nuevo ciclo de vida regresa a la Tierra. Basándose en la mejor información que estaba a su alcance, concluyeron que el *poder mágico*, una fuerza desconocida y sobrenatural, era el responsable de la resurrección del Sol mismo, y si tan sólo pudieran entrar en armonía con esa naturaleza, entonces tal vez ellos también podrían superar la muerte.

En donde quiera que observaran la naturaleza, veían que el ciclo del Sol, su nacimiento, vida, muerte y resurrección se volvía a escenificar. Veían cómo las plantas retoñaban en primavera y crecían altas y fuertes en los días largos y calurosos del verano. Después en el otoño, en la cúspide de su madurez, daban semillas o eran recolectadas en el tiempo de la cosecha. Como la Tierra misma, las semillas yacían muertas y enterradas durante el invierno inerte, para volver a surgir a la vida cuando las lluvias y los prolongados rayos del Sol transformarían la tierra vegetal en un vientre húmedo y cálido.

También observaban el crecimiento acelerado de las plantas que estaban cerca de los desechos humanos en descomposición y del estiércol de los animales, así como en el terreno en donde se derramaba sangre. Esta maravilla era el complemento de lo masculino y solar con lo femenino y lunar del misterio de la menstruación. Los paralelos entre el Sol y el pene, la luz del sol y el semen, el poder fertilizante que el semen tenía sobre la mujer y la sangre que caía sobre la Tierra, no se escaparon a la fértil imaginación de nuestros ancestros de la Era de Osiris. Una "nueva realidad de la procreación" que se ajustaba a la naturaleza secreta del Sol, se convirtió en la fórmula mágica del Eón: la vida viene de la muerte.

Para poder estar en armonía con esta nueva fórmula, es necesario tomar un papel activo en el gran drama de la vida y de la muerte. Para los primeros miembros del Eón de Osiris, el sacrificio humano era la suprema pantomima del sacrificio diario y anual del Sol para la Tierra. También ilustraba el sacrificio de la potencia del pene después de la eyaculación y el sacrificio de la muerte, el entierro y la resurrección de la semilla. El derramamiento de sangre humana en los campos que todavía no se han surcado o de los que apenas se acaban de sembrar, redundaba en un aumento notable de la fecundidad de la cosecha. El beneficio más reconfortante que se derivaba de esas formas de expresión cruentas, era el hecho innegable de que, mientras continuaran con los sacrificios, el Sol siempre saldría en la mañana y siempre detendría su trayectoria hacia el sur y regresaría para traer consigo a la primavera y al verano. Esto ponía un tremendo poder en manos de los sacerdotes o de las sacerdotisas, quienes eran los que esgrimían el cuchillo para el sacrificio. Se colocaban entre la gente y los dioses, lo que implicaba una responsabilidad personal para el renacimiento del Sol. Con cada amanecer se volvían, en forma demostrable, cada vez más poderosos.

Por todo el mundo, en intervalos regulares, la ceremonia de la masacre del Rey Divino aseguró una cosecha abundante y el bienestar de la gente. Aunque la futura víctima tuviera el título de jefe de estado, no era un *gobernante* en el sentido moderno. Era la personificación viviente del Sol y por lo tanto, el monarca supremo de la Tierra. Su asesinato periódico y la coronación de su sucesor eran ocasiones de gran solemnidad.

En los años decrecientes del Eón de Osiris, la índole del sacrificio evolucionó de la sangre humana, a la sangre animal, el pan y el vino. Entre los que tenían mayores inclinaciones místicas, el sacrificio se convirtió en una eminente experiencia personal. No obstante, tales cambios no perturbaron en lo absoluto la fórmula mágica fundamental del Eón de Osiris. El ciclo del nacimiento, la vida, la muerte y la resurrección permaneció como el tema dominante hasta el tiempo del renacimiento mágico de finales del siglo XIX. Sin embargo, para este tiempo, la antigua fórmula ya no se basaba en informaciones erróneas. Se fundamentaba en la negación.

El Eón de Horus

La Fórmula del Niño Coronado y Conquistador: Con anterioridad nos percatamos de que mucho después de nuestra Era de Isis, los ancestros resolvieron los misterios de la reproducción, continuaron aferrándose a una fórmula mágica que se originó en un tiempo cuando se creía que toda la vida venía de manera espontánea de la mujer y de la Tierra. Así que, también en el Eón de Osiris, mucho después de que era del conocimiento de todos que la Tierra giraba alrededor del Sol, las grandes instituciones políticas y religiosas continuaron obsesionadas por la muerte y la resurrección como si ellos todavía creyeran que el Sol moría todos los días.

En el año de 1340, a. C. Aristóteles supuso que durante un eclipse lunar era la sombra de la Tierra lo que oscurecía a la Luna. Como la sombra obviamente se mostraba redonda, declaró que la Tierra era una esfera.[25]

---

25. También observó que la Estrella del Norte, aparecía, en forma progresiva, más abajo (hacia el norte del horizonte) conforme él viajaba hacia el sur.

Para Aristóteles también quedaba claro que el Sol no moría, sino que resplandecía continuamente. Él siguió creyendo que la Tierra era el centro del universo y que el Sol y todos los otros cuerpos celestes giraban alrededor de nosotros. La noche parecía sólo una ilusión ocasionada por la sombra cambiante de la Tierra mientras que el Sol pasaba detrás de nosotros todos los días.

En el siglo II d. C., Tolomeo amplió la teoría de Aristóteles por medio de un postulado que afirmaba que la Tierra, considerada aún el centro del universo, estaba en el centro de una como cebolla de cristal rodeada de ocho capas esféricas que contenían al Sol, la Luna, Mercurio, Venus, Marte, Júpiter, Saturno y finalmente a las estrellas fijas. Él no especuló respecto a lo que podía estar más allá de la capa esférica correspondiente a las estrellas fijas. Esto agradó mucho a la naciente iglesia Cristiana porque ahora se podía tener un universo en donde cupieran el cielo y el infierno.

En 1514, Nicolás Copérnico, un sacerdote polaco, presentó con cautela la idea de que el Sol estaba suspendido en una posición fija y que la Tierra y todos los planetas giraban en órbitas circulares. Nadie prestó mucha atención a Copérnico, hasta casi cien años después, cuando Johannes Kepler en Alemania y Galileo Galilei en Italia, revisaron su trabajo y encontraron los dos que tenía razón. Para dar la última estocada en el corazón de Aristóteles, Tolomeo y la iglesia, en 1609, Galileo miró a través de su telescopio recién inventado y observó algunas lunas que giraban felizmente alrededor del planeta Júpiter. Esta información desagradó en alto grado a la iglesia. A Galileo se le acusó de promover, según las Sagradas Escrituras, un modelo incorrecto del universo. Después de todo, si la Tierra giraba alrededor del Sol y otras lunas podrían girar alrededor de otros planetas, entonces la Tierra no podía ser la única creación de Dios. Galileo fue obligado a negar sus descubrimientos.

Aún con la total desaprobación de la iglesia, no tomó mucho tiempo para que la teoría de nuestro sistema solar heliocéntrico se convirtiera en una realidad innegable para todos, excepto para los más aislados o para los habitantes de nuestro planeta mentalmente privados de privilegios. Por cientos de años, las madres han asegurado a sus pequeños cuando los acuestan, que el Sol no se ha ido sino que está alumbrando el otro lado del mundo. Es esta sencilla y tranquilizadora verdad lo que constituye la clave para la fórmula del Eón de Horus; no es una fórmula relacionada con la nutrición, ni con la vida, las catástrofes o la resurrección, sino una fórmula fundamentada en la magia del crecimiento continuo.

En el Eón de Isis, nos identificamos con la *Tierra*. La vida venía de forma milagrosa de la Tierra y de la mujer. Todos los panteones mágicos reunían los aspectos de la Diosa. La muerte era un misterio cuyas profundidades eran imposibles de sondear.

En el Eón de Osiris nos identificamos con el *Sol moribundo y resucitado*. Aquí todos los panteones mágicos eran representaciones del Dios Padre. La muerte podía ser superada de manera mágica por medio de la obediencia a la fórmula, los ritos y la doctrina.

En el Eón de Horus, nos identificamos con el *Sol siempre vivo* y radiante por sí mismo. Todos los panteones mágicos se han convertido en imágenes de nosotros mismos. Nosotros, como el Sol, no morimos.[26] La muerte, como la noche, es una ilusión. La vida se contempla ahora como un proceso de crecimiento continuo y la humanidad está desarrollando una conciencia de la continuidad de la existencia que eventualmente disolverá el aguijón de la muerte.

¿Qué panteón de dioses podría regir sobre un mundo en donde cada hombre y cada mujer es una estrella, radiante por sí misma y al mismo tiempo igual a cualquier otra estrella en el universo? ¿Qué poderes o instituciones gobiernan todavía un entorno poblado por seres creativos independientes? La respuesta es indiscutible cuando captamos el hecho de que nos estamos quedando sin espacio cósmico suficiente. Cuando todo esté dicho y hecho,

---

26. El lector puede argumentar que el Sol y todo el sistema solar gira alrededor de un "algo" inescrutable en el centro de nuestra galaxia, y que eventualmente nuestro Sol, sin duda alguna, morirá. ¿No es la teoría de la explosión gigantesca, una simple repetición de la fórmula de Osiris pero en una escala más alta? Tal vez no. Pero estos conceptos todavía tienen que penetrar el alma de nuestra raza.

los adoradores del Nuevo Milenio se quedarán con tres deidades fundamentales: "La absolutamente *más grande*, La absolutamente *más pequeña* y La que *es todo en medio de las dos*."

- Los partidarios del Nuevo Eón todavía adoran a la Gran Diosa, la Diosa del espacio infinito, cuyo cuerpo forma el universo en expansión. Su "forma" simbólica es la de la circunferencia de un círculo. Es una mujer, una madre y la Tierra en una escala cósmica. Todo lo que fue, es, y está por venir se arrulla dentro de Su cuerpo. La fórmula de Isis de la vida y la nutrición espontánea, se ha modificado para abarcar el universo entero. Es ahora la leche de las estrellas la que fluye de Sus pezones.

- Los partidarios del Nuevo Eón todavía adoran al mejor Padre, una contrapartida *igual* a la Gran Diosa, pero Él es el universo *concentrado*. Su "forma" simbólica es un punto en el centro del círculo. Hay una absoluta igualdad entre estos dos infinitos ya que uno no podría existir sin el otro. La fórmula de Osiris para la vida, la muerte y la resurrección ha trascendido para revelar una resurrección continua y perpetuada en sí misma.

- Los partidarios del Nuevo Eón todavía adoran la descendencia de la Gran Diosa y del mejor

Padre. La concepción de este hijo es el resultado de un acto al hacer el amor en la más grandiosa e imaginable escala. Porque el Padre es un infinito "entrar" y la Diosa es un infinito "salir", ambos infinitos están en constante estado de contacto. Este gran "entrar y salir" crea una fricción que produce un tercer infinito, un hijo, un campo de operación en el cual el universo entero se puede manifestar y crecer.

Nos encontramos en el amanecer del milenio de una gran liberación espiritual. Es evidente que todavía estemos luchando con las responsabilidades que acompañan tan asombrosa libertad. Es probable que pase mucho tiempo antes de que esta realidad sea universalmente aceptada y de que un Nuevo Eón inicie. Cada nuevo descubrimiento en los campos de la astronomía y la física nos aguijonea con especulaciones respecto de hacia dónde nos dirigimos. Tal vez Stephen Hawking y las grandes mentes de nuestra Era se levanten como los Keplers y los Galileos de la Era que siguió al Eón de Horus, un eón que generará un nuevo panteón de dioses y de manera inconcebible, espléndido.

Capítulo V

Más Allá de los Pilonos*

Maestro del Templo:
  *¡Permítenos entrar en el Arca del
  Conocimiento Incrementado!*
Hermano Acuario:
  *Maestro, ¿qué es el Conocimiento
  Incrementado?*
Maestro del Templo:
  La Muerte.
Hermano Acuario:
  Maestro, ¿qué es aquella Arca?
Maestro del Templo:
  La tumba.
Hermanos Acuario y Capricornio:
  Maestro, ¿cómo podremos entrar en ella?
Maestro del Templo:
  ¡Levántense y síganme![1]

---

* Puertas monumentales a la entrada de los templos egipcios.

1. Aleister Crowley, "The Rite of Saturn" en Equinox, Vol. 1, No. 6 (York
   Beach, ME: Samuel Weiser, 1992), página 98.

V

Hace varios años, mientras trataba de relajarme con una botella (bueno, varias botellas) en un bar de Londres, me involucré en un acalorado intercambio de ideas con un célebre autor del ocultismo. Acababa de regresar de Manchester, en donde oficié una ceremonia de iniciaciones de casi dos docenas de miembros de una sociedad internacional de magia. Mi colega me preguntó si tenía pensado llevar a cabo algo de magia mientras estaba en la Gran Bretaña. Le dije que casi no había hecho otra cosa desde que había llegado y le platiqué del maratón de iniciaciones en Manchester.

"¡Quiero decir magia *auténtica*!" Rituales con pentagramas, rituales con hexagramas, invocaciones, evocaciones, dioses —¡magia auténtica!

Apenas podía creer lo que escuchaba.

"¿Qué es lo que quieres decir?" —objeté. "La iniciación *es* magia auténtica. Tú sabes tan bien como yo que una iniciación bien hecha es una expresión fundamental de la alta magia de los egipcios. Los pentagramas, los hexagramas, las invocaciones, las evocaciones, más muchos otros, son los instrumentos que se pueden emplear durante una iniciación ya que forman parte de una ceremonia de transformación personal, aún mayor. ¡No puedes pedir algo más mágico que eso!"

Me temo que mis detalles se ahogaron en el ámbar oscuro y espumoso de otra ronda de cervezas, y la tarde, ya fatigada, llegó a su nadir, mientras se me retaba una y otra vez a que me subiera a la mesa y ejecutara un *Zafiro Estrellado*. Sin embargo, el debate me dio la oportunidad de volver a examinar y organizar mis pensamientos sobre el tema, y como se me concedió amablemente que este sobrio foro, tuviera lugar como juego de defensa en un lunes por la mañana, ahora espero compartir algunas de las cosas que *le debería de haber dicho*.

El Candidato

Hace veinticinco años me convertí en un estudiante modestamente entusiasta de una escuela moderna de lo enigmático, que de modo altruista abrió sus puertas doradas de la sabiduría a buscadores que, como yo, prometían darse el lujo de tomar un curso permanente por correspondencia.

Aunque nunca había mostrado alguna habilidad psíquica natural, me había propuesto llegar a ser un visionario o profeta de primer orden, así que con asiduidad practiqué todos los ejercicios místicos que estaban esbozados para un estudiante de nuevo ingreso.

Al horadar los poderes ilimitados de la mente, hice que una gota de aceite de oliva que flotaba en la superficie de un tazón con agua, girara con indolencia agonizante en una dirección que no hubiera girado por sí misma en otras circunstancias.

Compré un diapasón de boca y salmodié sonidos místicos de vocales. Contuve la respiración y visualicé las partes de mi cuerpo que ya había olvidado que existían y miré fijamente la llama de una vela hasta que mis ojos se humedecieron tanto que vi todo lo que se me había dicho que percibiría y mucho más.

Más o menos cada dos meses, los iniciados de la sede oficial de la escuela de lo enigmático o de lo oculto (M∴S∴HQ), me enviaban por correo un examen que sin piedad probaba mi aprovechamiento en las primeras habilidades.

Satisfechos de que mis cuotas se habían cubierto y de que mi dirección no había cambiado, los ocultos maestros me enviaron una monografía especial que esbozaba el procedimiento para un ritual de autoiniciación.

Separé una tarde en la que no fuera perturbado por ninguna realidad objetiva, coloqué sobre mi piano de cola el altar y el equipo necesario para la ceremonia, encendí las velas y el incienso adecuado, mismo que había comprado por catálogo a la M∴S∴HQ, y procedí con la iniciación de un solo hombre.[2]

Tomé estas ceremonias muy en serio y disfrutaba hacerlas con todo el arte y precisión de lo que era capaz. Sin importar lo irrelevante que parezca después de que ya ha transcurrido un cuarto de siglo, debo admitir que estas iniciaciones tuvieron un efecto profundo en mi vida.

Cada ritual, por sencillo que fuera tocaba algo muy recóndito de mi ser y nunca me quedaba un sentimiento confuso respecto al paso que había dado hacia un esclarecimiento espiritual.[3] Con el tiempo me involucré en una logia cercana y por algunos años colaboraba con el equipo responsable de los rituales semanales de convocación y como oficiante en las iniciaciones del templo.

No creo que esté incurriendo en una violación grave a mis juramentos por compartir con ustedes la forma y estilo de las ceremonias de iniciación; en realidad, toda la constitución de esta orden en lo particular, era, sin duda alguna, egipcia. Las paredes de la logia estaban festoneadas con discos solares

---

2. Le puedo asegurar al lector que si yo hubiera sido mujer no hubiera utilizado el término "iniciación de una sola mujer".

3. Sin embargo, si hubiera sabido cuántos pasos me faltaban para llegar a la iniciación, hubiera arrancado el mantel del altar de mi piano y hubiera continuado con mi carrera autodestructiva como pianista.

montados, imágenes de los dioses egipcios y con jeroglíficos. El umbral del recinto del templo, donde se hacían las iniciaciones, estaba pintado con mucha habilidad para parecerse a las enormes rocas de una pirámide.

En la Sede Central de la Gran Logia (G∴L∴HQ), varios de los edificios administrativos eran fieles reproducciones del conjunto de edificaciones que forman el gran templo de Karnak, y las áreas exteriores estaban adornadas con obeliscos, pirámides y esfinges. En varias ocasiones fui en peregrinación a la G∴L∴HQ, para participar en iniciaciones en la hermosa y espaciosa Logia del Gran Templo.

Me fascinan y hechizan todas las cosas egipcias. Cuando se vive en el sur de California, con su clima cálido y seco, sus calles alineadas por palmeras, lirios del Nilo y de una planta herbácea llamada cortadera argentina, resulta fácil imaginar que eres un artesano, escriba o sacerdote egipcio, sin camisa y sin zapatos. Yo reflexionaba que tal vez en una encarnación previa, había vivido a orillas del Nilo, o que quizá había servido a los dioses en el conjunto de edificios de algún gran templo.

Quizá mi cuerpo momificado todavía yace sin ser perturbado, en alguna necrópolis aún sin descubrir; o pudiera ser que haya sido pulverizado por algunos colonialistas de la Europa del siglo XIX y vendido como un laxante milagroso.

Sin embargo, cuando llegó el momento de estudiar Egiptología con seriedad, descubrí muy pronto los límites de mi dedicación, sin mencionar los de mi poder de concentración. Fríamente traté de penetrar en la obra de Budge, *Osiris*[4] y su traducción fragmentada del *Libro Egipcio de los Muertos*,[5] pero sólo logré quedarme dormido. Era demasiado trabajo. Acabé por llegar a la conclusión de que los sacerdotes de la antigüedad incitaban a personas que se estaban muriendo a memorizar *El Libro de los Muertos*, para facilitarles lo inevitable y aburrirlos hasta la muerte.

Avergonzado por mi fracaso ante la imposibilidad de llegar a ser un auténtico iniciado egipcio, me resigné, en secreto, a ser un presunto místico y simple holgazán en el umbral de la Pirámide de los iniciados. Aquí en donde la Gran Luz de Egipto se hizo añicos al pasar por mi prisma de aficionado, imaginé sentirme protegido por sus rayos directos y luminosos, y confié con pretensión, que se me permitiría retozar sobre los coloridos peldaños, bajos, de la parte exterior del Templo.

Tal parece que subestimé el impulso espiritual de la magia de Egipto. Su fuerza es inimaginable. Sus cimientos fueron horadados amplia y profundamente en la conciencia colectiva de la humanidad,

---

4. E.A. Wallis Budge, *Osiris: The Egyptian Religion of Resurrection* (New York: Dover, 1987).

5. E.A. Wallis Budge, *The Egyptian Boojk o f the Dead* (New Hyde Park, NY: University Books, 1981).

sosteniendo, de manera sigilosa y clandestina, una enorme hueste de instituciones y filosofías que por tradición no están asociadas con el territorio del Nilo. Llegaría a descubrir que la magia Egipcia es en extremo sutil y muy, *muy* tolerante.

La Magia

Tres hojas de tanna le dan vida. Nueve le dan movimiento. Más de nueve lo hacen una máquina destructiva incontrolable, ¡como nunca antes la había conocido el mundo![6]

Confieso que nunca he ido a Egipto; nunca he pasado una noche en la Cámara del Rey de la Gran Pirámide en Gizeh o Giza; nunca he contemplado la Gran Esfinge, ni viajado en camello al Valle de los Reyes. Sin embargo, siempre he sufrido de un caso severo de Khemophilia y es probable que el factor que más me favorece es que sea un fanático del cine. Una de las primeras películas que recuerdo vi en mi niñez, en el viejo Teatro de Lakewood, fue una película a colores que se titulaba *La Tierra de los Faraones* que trataba sobre la obsesión que tenía un faraón por construir una gran pirámide que albergara su cuerpo

---

6. Mi querido amigo, S. Jason Black, coautor del libro *Pacts with the Devil* (Scottdale, A.Z: New Falcon Publications, 1994), con frecuencia aterroriza a los clientes de la barra de ensaladas, pegando su rostro en la luz grotesca de los cristales protectores, mientras acaricia sus espinacas y cita estas líneas de la película clásica *The Mummy*.

por toda la eternidad. Después de una variedad de tramas secundarias, que incluían las excitantes infidelidades de su pérfida esposa, asesinan al faraón y la reina y sus secuaces, hipócritamente presiden la ceremonia del entierro en la profundidad del interior de la pirámide. Ahí, el sumo sacerdote anuncia a todos los miembros de la comitiva fúnebre que recibirán el honor de unirse al difunto faraón para toda la eternidad, y que por lo tanto, quedarán encerrados junto con él dentro de la cámara mortuoria. La película culmina con la aterradora visión de enormes bloques de piedra que son colocados por medio de un ingenioso proceso hidráulico (utilizaban sólo arena), mientras la malvada reina trata con desesperación de convencer al sumo sacerdote que está cometiendo un error. (Si ella hubiera sabido que iba a ser enterrada, se hubiera puesto una indumentaria apropiada para el funeral). Pero nada detenía las piedras enormes que seguían cayendo y que sellaban sus destinos para toda la eternidad. Yo quedé muy impresionado.

¿Por qué será que nos atraen tanto los egipcios? Después de todo hay civilizaciones antiguas que no se quedan cortas en comparación y que son dignas de estudio. ¿Qué tienen de malo los hititas, los babilonios o los minoicos? ¿Acaso no construyeron también grandes ciudades y monumentos, y sus guerreros conquistaron a sus vecinos? ¿No difundieron sus religiones de igual forma, a través del comercio y con la espada? ¿Y por qué será que muchos de nosotros, que no necesariamente nos sentimos inclinados a estudiar las civilizaciones antiguas, quedamos cautivados con los misterios de Egipto? La respuesta, en mi opinión, es una palabra —la *MAGIA*.

Es evidente que Egipto no acaparó el mercado de la magia. La magia penetró en casi todos los aspectos de la vida de todas las culturas del mundo antiguo. Sabemos mucho sobre las prácticas mágicas de los babilonios; cuál era el dios que invocaban para triunfar en el amor y en la guerra, y también, qué demonios exhortaban para atormentar a sus vecinos. Estas son habilidades prácticas para gente práctica, y por lo que conocemos de los antiguos egipcios, ellos también eran personas prácticas. Pero fuera del gran número de panteones o templos para sus deidades locales y estatales, y de las supersticiones propias y obligatorias, tal parece que la magia egipcia se regía por la construcción para efectos funerarios.

Tal vez esta sea una percepción distorsionada de la verdad, porque mucho de lo que conocemos de los egipcios, lo hemos tenido que aprender al estudiar los contenidos de sus tumbas. Tal vez nunca sepamos los detalles de las actividades cotidianas de la vida egipcia, simplemente porque los vestigios de esa vida no han sido conservados de manera tan impresionante. Estamos en deuda con la preservación de las momias. Después de todo, ¿cuál otra forma de arte mágico se ha preocupado por salvaguardar para la eternidad la obra de sus manos? Las Escuelas de lo

Oculto desaparecen; los libros y los manuscritos se vuelven polvo; los idiomas sagrados mueren; religiones y civilizaciones completas fenecen sin dejar rastro; pero un funeral egipcio de primera categoría, es *para siempre*.

Con frecuencia se dice que para siempre es mucho tiempo, pero nada podría estar más lejos de la verdad. El tiempo no es nada comparado con un para siempre o por toda la eternidad. Los magos egipcios que establecieron y perpetuaron formas tan elaborados con respecto a los muertos, no lo hicieron para impresionar, o para esclarecer las mentes curiosas del futuro. No pusieron sus momias "en hielo" para esperar algún despertar cósmico en el "futuro". Para ellos, la vida *después* de la muerte era un continuo "ahora" como si fuera "vida después de la vida", y la milenaria búsqueda de la vida eterna es, en realidad, la lucha por lograr una toma de *conciencia* de la continuidad de la existencia.

La inmortalidad es el premio de los que logran ese estado de conciencia desde esa posición ventajosa. Uno ya no cuenta la ristra de encarnaciones como si fueran episodios de experiencia aislados, ni siquiera consecutivos. Más bien, son percibidos como si se hubieran planeado de forma concurrente, como una nueva representación, muro con muro, de una sola aventura magistral con personajes específicos y reconocibles, con pruebas severas y puntos críticos. Estas crisis son iniciaciones y el reparto de los personajes periódicos que hacen esta epopeya personal, son los oficiantes de nuestro proceso de iniciación.[7]

La Iniciación

En el principio fue la Iniciación. La carne no se beneficó en nada; la mente no obtuvo ninguna ventaja; aquello que te es desconocido y está por encima de éstas y basado en el equilibrio, eso es lo que da vida.[8]

Iniciado: como sustantivo significa *principiante*; como verbo significa *empezar, comprometer a una práctica o costumbre*. También significa *instruir*; como adjetivo quiere decir el que ha empezado. La iniciación es un comienzo, no una recompensa al logro, ni la póliza de una realización, ni un trofeo de afiliación. La iniciación es un comienzo y cuando evocamos un principio, también necesariamente conjuramos un final. La muerte es la sanción inevitable que pagamos por permitirnos a nosotros mismos haber nacido, y la única recompensa que se ofrece para este destino, es el honor de una jornada de vida entre estos dos pilonos o grandes puertas.

---

7. La trama de la película *Groundhog Day* no está tan alejada de este concepto. El personaje principal, despierta una y otra vez en el mismo día y se le exige que domine una sucesión de pruebas personales muy severas que sólo pueden superarse por el perfeccionamiento de su propio personaje.

8. Aleister Crowley, *Liiber LXI vel Causae* en *The Equinox Vol. 3, No. 9* (York Beach, ME: Samuel Weiser, 1983) página xxxvii.

El iniciado no invoca ni al nacimiento, ni a la vida, ni a la muerte. Como sonámbulo, sus contados pasos lo conducen en estado comatoso desde la cuna hasta la tumba; su pálida sombra vive la pantomima, pero nunca experimenta las aventuras de la jornada del iniciado. Como otros mamíferos, nace, vive y muere. Pero, a no ser que haga un esfuerzo consciente por despertar, a menos que utilice y enfoque el poder de su voluntad para dar los primeros pasos en la renovación espiritual, como lo cantó Homero: "no recibirá su participación en el rito, no tendrá la misma suerte que el iniciado una vez que muera y haga su morada en donde se pone el sol".[9]

Es posible que la prostitución sea la profesión más arcaica del mundo, pero la institución espiritual más antigua es, con toda certeza, la sociedad iniciadora. Con mucho respeto, estoy en completo desacuerdo con aquellos que argumentan que la religión ocupa esta posición venerable.

La religión sólo ronda los patios exteriores del gran templo de la iniciación y mantiene el misterio a una prudente distancia. De algún hilo de verdad llevado por el viento de la cámara de la iniciación, la religión, como un psicópata, teje y vuelve a tejer las doctrinas y los dogmas, tapices de esperanza, odio y constante distracción. La religión enaltece al misterio como a un secreto inescrutable que debe

---

9. *Hymn to Demeter.* Helen. R. Foley, traducción (Princeton: Princeton University Press, 1993), página 26.

guardarse en un envase de vidrio sellado, como si fuera el cuerpo de una princesa encantada y venerada, con temor, desde lejos. La iniciación por el contrario, requiere una participación directa y exige que cada uno de nosotros haga añicos el ataúd y le ponga cara dura al misterio, cortejándola como a una amante que le ofrecerá sus tesoros en una sucesión de dulces entregas. Esto es lo que ella hará, pero sólo en la precisa proporción respecto a nuestra capacidad de evolución y merecimiento para recibirlas.

La fórmula de la iniciación es universal. Poco importa el misterio específico que se revele en los escalones *graduales* de cualquier sociedad de iniciación. Cuando se experimenta en forma adecuada, se logra un grado de iluminación hasta en el rito más inofensivo. Los hombres de letras, los albañiles, los soldados, los marineros, los médicos, los impresores, los herreros, hasta los ladrones y los verdugos han disfrutado, a través de la historia, los beneficios y privilegios de las órdenes de hermandad. Todavía pueden distinguirse por todo el planeta, vestigios de los ritos de nuestros hermanos prehistóricos, en las ceremonias de las tribus indígenas. Iniciaciones, circuncisiones, experiencias penosas en la caza, misterios sexuales, palabras y señas secretas, elaboradas aperturas y cierres de templos, representaciones de temas heroicos, juramentos y alianzas, rituales de muerte y resurrección —suficiente faramalla al desnudo para hacer que se sonroje desconcertado, el francmasónico más conservador, cuando identifica los elementos clave de su propio gremio.

Ahora, es de primordial importancia que la llave maestra para el *método de iniciación* en sí mismo, se convierta en un dispositivo fijo y permanente en el individuo.

Una vez que hemos aprendido el proceso de transformarnos en algo mejor de los que somos, podemos y eventualmente lo lograremos, aplicarnos la misma alquimia para alcanzar el logro supremo.

Pero, ¿qué se sabe de las ceremonias de iniciación de los egipcios? ¿Conocemos con cierto grado de precisión cómo eran? ¿Cuántas sectas de iniciación aplicaron este arte a través de un periodo de cuatro mil años de historia egipcia? ¿Rivalizaban entre ellos? ¿Cuándo alcanzaron su cenit espiritual? ¿En qué momento empezó a degenerar hasta llegar a ser una forma vacía? ¿Acaso son algunas de las sociedades de iniciación de nuestros días, los verdaderos herederos de la corriente mágica egipcia?

Creo que la única respuesta honesta sería: "Nadie lo sabe con seguridad". Hay muchos escritores que afirman haber escudriñado los registros astrales para escuchar furtivamente el momento en que Platón, Pitágoras, Homero o Jesús fueron elevados a la perfección espiritual dentro de la Gran Pirámide.

Los grandes ocultistas modernos incluyendo a Eliphas Levi, Aleister Crowley y Manly Hall, nos han hecho estremecer con relatos llenos de colorida imaginación sobre la jornada de iniciación de la antigüedad. Pero ningún arqueólogo ha desenterrado hasta ahora una primera edición de *Duncan's Complete and Unabridged Egiptian Initiator's Manual and Monitor* (explicado e interpretado en una gran cantidad de notas y grabados).[10] ¿O acaso lo han hecho?

Según nos ha hecho creer la tradición, entre las piernas de toda momia egipcia bien ataviada, hay un texto mágico escrito por Thoth mismo. Es un mapa cuidadosamente detallado, que con gran imaginación proyecta cada uno de los aspectos de Dios. Habiéndolo memorizado a la perfección a lo largo de su vida, facilitaba a los difuntos poder negociar, paso a paso, las dificultades y la confusión de la existencia después de la muerte y les permitía quedar absortos, por decirlo así, y totalmente identificados con la deidad inmortal.

Este texto lo conocemos como *The Book of the Dead* (El Libro de los Muertos)[11] y mientras es considerado, sin lugar a dudas, el centro de mesa bíblico de una institución religiosa muy compleja, en mi opinión es el manual fundamental de la iniciación.

---

10. Thebes: Nut & Geb Publishing, 2400 A.C.E.

11. La edición más completa y reciente es *The Egyptian Book of the Dead: The Book of Going Forth by Day, Being the Papyrus of Ani (Royal Scribe of the Divine Offerings)*, escrito e ilustrado cerca del año 1250 a.C.E., por Scribes and Artists Unknown. Traducción del Dr. Raymond O. Faulkner & Dr. Ogden Goelet, Jr. Ideado por James Wasserman (San Francisco: Chronicle Books, 1994).

Hay quienes afirmarían que, o estoy exagerando o estoy subestimando el caso; que si fuera un letrado serio en la materia estaría consciente de la evolución tan compleja del documento, de sus redundancias arbitrarias, sus omisiones y sus suplementos superfluos. Ante tal crítica, con toda humildad no pongo ninguna resistencia.

Durante los veinticinco años, desde que la flojera me movió a hacer a un lado *El Libro de los Muertos*, no he regresado a la Universidad para tomar un curso de Egiptología, ni me he propuesto aprender a descifrar los jeroglíficos, ni tampoco me he convertido en un arqueólogo aficionado.

Sin embargo, en ese mismo cuarto de siglo, los dioses se han dignado concederme el privilegio de oficiar en los ritos de iniciación de un gran número de individuos. (Dejé de contar cuando llegué a los setecientos). El diálogo y el bloqueo de las ceremonias de hace mucho tiempo, trascendieron la memorización y me liberaron para poder mantenerme a distancia de mí mismo y ser testigo de los procedimientos desde un punto de vista mágico ventajoso.

Dentro de la cubierta sellada de un templo embaldosado, el tiempo se detiene, veo en la oscuridad y, sin ningún esfuerzo de mi parte, una y otra vez se me permite ser tanto iniciador como candidato. Es en este contexto que ofrezco mis acreditaciones para poder hacer comentarios sobre el tema.

¿Quieres asociarte?
¿Quieres ser miembro?[12]

En un curso de iniciación moderna, casi todas las formas tienen su complemento en *El Libro de los Muertos*. Así como el difunto se va elevando de manera progresiva hasta completar su identidad con Osiris glorificado, de igual modo, el candidato moderno, con el tiempo, se va elevando hasta el dominio del rito. Pero aún antes de que la serie de iniciaciones comience, el candidato debe pasar por pruebas para acreditar si es idóneo y apto para entrar al rito. ¿Hay algún secreto vergonzoso que al ser descubierto pudiera afectar o abochornar al gremio? ¿Son honorables las razones para ingresar? Todo este escudriñamiento del alma deber hacerse antes de que el candidato solicite por escrito a la logia, que su calidad de miembro o socio sea considerada formalmente:

> "*¡Oh corazón mío que recibí de mi madre! ¡Oh corazón mío que recibí de mi madre! ¡Oh corazón mío de mis diversas edades! No te levantes como un testigo contra mí, no te opongas a mí en el tribunal, no seas hostil conmigo en la presencia del Guardián de la Balanza...*" [13]

---

12. *Bimbo's Iniciation (Max Fleischer Talkartoons, Copiright © 1931, U:M: & M:TV Corp.*

13. Consultar Wasserman, *The Egyptian Book of the Death, Placa No. 3*

El candidato debe tener un padrino dentro de la logia que responderá por él y quien le servirá como tutor antes de convertirse en miembro:

> Así dijo Thoth, juez de la verdad, respecto a la Gran Enneada (seis grupos de nueve libros cada uno) que se encuentra en la presencia de Osiris: "Escuchad esta palabra de la verdad auténtica. He juzgado el corazón del difunto y su alma permanece como su testigo. Sus obras son rectas en la gran balanza y no se ha encontrado pecado en él".[14]

Quien con optimismo acepta la recomendación del padrino y acepta la petición.

> Así dice la Gran Enneada a Thoth quien está en Hermópolis: "Esta declaración tuya es verdadera. El Osiris Ani es abierto y sincero, no tiene pecado, no hay ninguna acusación en contra de él ante nosotros. A Ammit no se le permitirá tener poder sobre él. Que le sean dados los ofrecimientos que son entregados en la presencia de Osiris, y que una transferencia de tierra se establezca en el Campo de los Ofrecimientos como se hace para los seguidores de Horus".[15]

---

14. Wasserman, *The Egyptian Book of the Dead*, Placa No. 3.
15. Wasserman, *The Egyptian Book of the Dead*, Placa No. 3.

No puedes llegar allá por aquí

El rito en sí representa el universo en su totalidad y el maestro o hierofante (intérprete de misterios) simboliza al Ser Supremo. Cada grado es una subdivisión de lo absoluto y es imposible comprender la realidad mayor de cada mundo ascendiente a no ser que uno sea un maestro iluminado del grado anterior. Esta realidad se reconoce estrictamente en los trabajos del templo. En la Logia de los Frailes Azules de la Masonería, todo trabajo de rutina se lleva a cabo en el templo del Tercer Grado. Para poder abrir la logia en el tercer grado, es necesario abrir de manera formal la primera y después la segunda. Si están programados asuntos de un grado inferior, como el paso de un candidato de segundo grado, la logia debe entonces *bajarse* formalmente al grado correspondiente.

En las sectas mágicas, los grados corresponden directamente a los niveles de la conciencia humana y se fundamentan en un andamiaje esquemático reconocible, tal como el Árbol de la Vida, o los Aethyrs de Enoch. En la mayoría de las órdenes, no es un requisito que el candidato logre en efecto, estos estados de conciencia progresivamente elevados. (Una orden que esté en posesión de la omnisciencia para poder juzgar con exactitud tales asuntos, seguramente no se podrá encontrar en el directorio telefónico). La mayoría de las veces, incluyendo a algunas órdenes mágicas serias, el grado sirve sólo como un mapa de rutas para la inevitable odisea personal del candidato.

No es poco común que las "verdades" que se comunican al candidato en los grados inferiores, sean modificadas o hasta desmentidas en los grados superiores. "Sé amable con tu madre", puede ser un sentimiento digno de un Neófito, pero a un Maestro del Templo se le aconseja: "Arranca a tu madre de tu corazón".

¡Alto! ¿Quién anda ahí?

Tal vez la parte más sobresaliente del *Libro de los Muertos* es que al difunto se le exige, en múltiples ocasiones, pasar a través de una serie de puertas o pilonos. En cada sitio un guardián le impide el paso al viajero y le exige las llaves secretas propias de esa estación. El capítulo 17 del *Libro de los Muertos* traza una jornada a través de siete puertas. En cada puerta al difunto se le requiere mencionar correctamente el nombre del Portero y el nombre del que anuncia quién proclamará el éxito o el fracaso para poder pasar. Si lo logra, el difunto tiene entonces que declarar los poderes y la naturaleza de la estación y el papel cósmico que tendrá que representar en ese lugar.

La cuarta puerta: el nombre del portero es "Uno cuya Cara Repugna, Uno de Innumerables

Voces"; el nombre del guardián es "Uno que está Alerta"; el nombre del que anuncia es "Uno que Ahuyenta al Cocodrilo".

Las palabras pronunciadas por el Osiris Ani; el vindicado, al llegar a la puerta: "Yo soy el Toro, el hijo del Kite de Osiris. He aquí que tú eres testigo de su padre, el que posee su gracia. He quitado todo daño de él. Le he traído la vida frente a él, por una eternidad. Soy el hijo de Osiris, abre un camino para mí, para que pueda entrar en el Dominio de Dios". [16]

La evolución es el resultado de un proceso triple de resistencia, lucha y mutación.[17] El secreto fundamental de la iniciación se manifiesta por el hecho de que al candidato, en repetidas ocasiones, se le impide el paso, se le prueba y se le deja pasar. La tríada de los oficiantes de la iniciación también refleja este proceso. En muchos ritos, al candidato se le detiene en varias de las estaciones del templo y se le interroga o se le confronta con una prueba severa. Después, con la ayuda de un guía del rito o defensor, el candidato supera la prueba y la suprema autoridad le da permiso de continuar. Los iniciados del Amanecer Dorado, reconocerán en lo anterior, los oficios de Hegemon, Hiereus y Hierophant.

16. Wasserman, *The Egyptian Book of the Dead,* Placa No. 11.

17. La fórmula mágica IAO [Apophis (las fuerzas de descomposición y destrozo) arruina (la naturaleza) de Isis. El resultado de esta lucha, en apariencia desastrosa, es la resurrección del Osiris glorificado].

La invocación de esta triple acción también se efectúa en el umbral del templo moderno en donde, en muchas ocasiones, a los miembros se les detiene, por lo general con un guardia armado, y se les exige que den los signos secretos, el apretón de mano (propio de las sociedades secretas) y las palabras que prueben que son miembros de *bona fide* (buena fe) del grado en el que están trabajando. Si un miembro llega tarde, debe presentarse con el guardián que se encuentra afuera de la puerta de entrada del templo, quien a su vez, informa al guardián que se encuentra dentro del templo, quien responde por el que llega tarde y pide la autorización del maestro o hierophant para que pueda ser admitido.

Sin duda alguna el significado cósmico del comportamiento de la logia se pierde en la mente objetiva de la mayoría de los candidatos o miembros. Sin embargo, yo apostaría a que aún el más tibio Odd Fellow (miembro de una orden independiente benévola), ha tenido una noche espasmódica en la que sus acreditaciones, o su memorización de los signos y los apretones de manos se han visto retados en una pesadilla del templo.

Es difícil si no es que imposible, que la fórmula de iniciación, una vez que se ha grabado en el subconsciente, se pueda erradicar. Si se le permite que se imprima en el estrato más profundo de la psique, puede llegar a proporcionar al aspirante aplicado, la clave para vencer a la muerte.

El estar muerto es sólo como estar vivo...
Excepto cuando cierras los ojos...
Hay luz.[18]

Capítulo para ahuyentar a un cocodrilo que viene a quitarle la magia del espíritu en el Dominio de Dios.

El Grande ha caído a su lado, pero la Enneada hizo que se recobrara. He venido, mi espíritu habla con mi padre y tengo este ser Grande de aquellos ocho cocodrilos. Los conozco por su nombre y por su vida y de ellos pongo a mi padre a salvo.

¡Retírate, cocodrilo del Oeste, tú que vives en las estrellas fijas! En mi vientre sólo hay repulsión para ti, porque he asimilado el poder de Osiris y yo soy Set.

¡Retírate, cocodrilo del Oeste! La serpiente Nau está en mi vientre y no me he entregado a ti; tu llama no estará sobre mí.

¡Retírate, cocodrilo del Este, tú que vives con los que están mutilados!

En mi vientre sólo hay repulsión para ti y ya me he ido, porque soy Osiris.

¡Retírate, cocodrilo del Este! La serpiente Nau está en mi vientre y no me he entregado a ti; tu llama no estará sobre mí.

---

18. I. Z. Gilford, *Letters from Papa,* capítulo 13. Manuscrito inédito, utilizado con permiso.

¡Retírate, cocodrilo del Sur, tú que vives de las heces, del humo y de los deseos! En mi vientre sólo hay repulsión para ti y mi sangre no está en tu mano, porque yo soy Sopd.

¡Retírate, cocodrilo del Sur! Te eliminaré porque me convierto en una Bebet-herb y no me he entregado a ti.

¡Retírate, cocodrilo del Norte, tú que vives en… que está en medio de las estrellas! En mi vientre sólo hay repulsión para ti, tu veneno está en mi cabeza; Yo soy Atum.

¡Retírate, cocodrilo del Norte! Un escorpión está en mi vientre, pero no lo daré a luz.

Yo soy uno cuyos ojos son verdes, lo que existe está al alcance de mi mano, lo que no existe está en mi vientre, estoy revestido y provisto de tu magia. ¡Oh Re! Aún esto que está sobre mí y debajo de mí. Yo soy…, he sido enaltecido, mi garganta está abierta de par en par en la casa de mi padre, el que es Grande; él me ha dado tu hermoso Oeste que destruye a los vivos; fuerte es su señor, quien diario está fatigado en él. Mi visión se aclara, mi corazón está en su lugar, conmigo está todos los días mi uraeus (símbolo del áspide sagrado). Yo soy Ra, quien se protege a sí mismo y nada me puede hacer daño.[19]

---

19. Consultar la nota al pie 11, Wasserman, *The Egyptian Book of the Dead "The Theban Recension"*, página 103.

En *El Libro de los Muertos*, los difuntos no pueden pasar por alto los pilonos o grandes puertas y las pruebas para llegar directamente hasta la lancha. A cada paso del camino, el candidato debe demostrar a los ejecutores de los poderes y de las energías de ese cuadrante específico, que conoce la situación verdadera.

Lo que es más importante, en cada etapa del camino, el candidato debe convencer al candidato que conoce la situación verdadera.

Además de tener una semejanza sorprendente con un ritual moderno de destierro, el capítulo que acabamos de citar, manifiesta que el difunto sostiene un continuo monólogo de autoafirmaciones.

Es como si el finado tuviera que seguir hablando para poder mantener el enfoque necesario y evitar, de este modo, errar el camino en la vida después de la muerte. ¿Acaso podría toda esta charla enajenada ser el secreto principal para vencer a la muerte?

Después de todo, nuestra conciencia de la existencia es la que mantiene unida a nuestra individualidad. Tal vez si pudiéramos dominar una técnica que nos permitiera perpetuar nuestro estado consciente a lo largo de cada paso de nuestro sendero después de la muerte, podríamos mantener la capacidad necesaria para experimentar en realidad la dicha de nuestro destino espiritual pleno. Sin esa técnica, la unidad de la conciencia individual se desintegrará y se diluirá en el útero de la energía universal —un "espíritu" devorado por Ammit.[20]

Sólo hay que examinar hasta dónde llega El *Libro de los Muertos* para reforzar la confianza del difunto y para mantener su mente concentrada con toda minuciosidad en el tema que estamos tratando:

"Vengan y entren por esta puerta de la Antecámara de la Justicia, ya que me conoces".

"Nosotros no te dejaremos entrar —dicen los quiciales de la puerta, a no ser que nos digas nuestro nombre".

" 'La Plomada de la Verdad' es tu nombre".

"No te dejaré entrar" —dice la hoja derecha de la puerta, "salvo que me digas mi nombre".

" 'El Platillo de balanza que pesa la Verdad' es tu nombre".

"No te dejaré entrar" —dice la hoja izquierda de la puerta, "a menos que me digas mi nombre".

"'El Platillo de la balanza para el vino' es tu nombre".

"No te dejaré pasar" —dice el piso de esta puerta, "excepto que me digas mi nombre".[21]

Este intercambio continúa con el cerrojo de la puerta, la aldaba del candado, las vigas y la puerta en sí. Una

---

20. Un monstruo híbrido, que en la ceremonia para Pesar el Corazón, se come el espíritu o el alma de aquellos que han sido encontrados indignos.

21. Consultar la nota al pie 11, Wasserman, *The Egyptian Book of the Dead*, "The theban Recension", página 116.

vez que el difunto está en el vestíbulo, tiene que pasar por el mismo procedimiento con el piso del vestíbulo y un gran número de muebles y partes del cuerpo.

Casi se puede escuchar al sacerdote de Osiris mientras le da al difunto recién llegado un discurso de palabras animadoras:

"Atta boy Ani, no dejes de pensar. Continúa aparentando finge que... que ellos te preguntan... simula que tú les responses... finge que ellos te preguntan... simula que tú les responses... permanece concentrado... sostén el flujo de la simulación... no les des tiempo para que te encuentren desprevenido... no les des tiempo para que te pregunten algo que no puedas responder... sigue avanzando... ahí hay otro... dile su nombre... dile el color de sus calcetas... dile el nombre de sus calcetas... proclama que tienes derecho a pasar... no importa lo que parezca muéstrate sereno... sigue avanzando... no te distraigas... manténte encauzado... concéntrate a través de los niveles de desarrollo ¡hasta que llegues a la meta!".

Desde que era niño he soñado que estoy volando. Ahora considero que estas experiencias son una variante de una proyección astral y he desarrollado mis habilidades nocturnas de vuelo a tal grado, que en circunstancias correctas puedo saltar con bastante facilidad. En mis primeros años, sin embargo, cada vuelo terminaba de exactamente igual manera. Viajaba feliz, flotando, con la intención plena de ir a alguna parte, de pronto me daba cuenta de que estaba volando y me preguntaba, "¿Cómo diablos estoy haciendo esto?" Una vez que el elemento duda entraba en la ecuación, me tambaleaba como Ícaro (hijo de Dédalo). Con el transcurrir de los años, he platicado con tanta gente que ha tenido exactamente la misma experiencia, que he llegado a la conclusión de que es un caso psíquico universal.

Si un poquito de concentración y práctica nos permite permanecer transportándonos por el aire durante los sueños, ¿no podrían pulirse las mismas habilidades para impulsarnos hacia una meta suprema en los momentos mágicos y preciosos de una toma de conciencia temprana de la muerte? ¿Es tal vez por esto que quienes no poseen esta capacidad "no tendrán la misma suerte que el iniciado... una vez que hayan muerto y moren en el molde en donde el sol se oculta"?[22]

> *Hathor (hija de Ra, dios del Sol), Señora del Occidente; Ella que es del Oeste; Señora de la Tierra Sagrada; Ojo de Ra, que la lleva sobre su frente; de semblante agradable en la Barca de Millones de Años; un lugar de descanso para aquel que ha obrado bien dentro de la nave de los bienaventurados; aquella que construyó el Gran Barco de Osiris para poder cruzar las aguas de la verdad.[23]*

---

22. Consultar nota al pie 9.

23. Consultar nota al pie 11. *The Egyptian Book of the Dead, Placa 37, el último capítulo.*

Capítulo VI

Demonio sé mi Dios

"Te aconsejo que frenes esa mala lengua tuya".
—*Obispo de los Connons Negros*

"Su Excelencia, es un hábito que nunca he tenido".
—*Robin Hood* [1]

---

1. De *The Adventures of Robin Hood*, un libreto cinematográfico por Norman Reilly Raine y Seton L. Miller, Warner Brothers Pictures, Inc., 1938.

VI

En el año 415 d. C., Cirilo, obispo de Alejandría, Egipto, se encontraba en una posición muy incómoda. No sólo se sentía abrumado por la tarea de discurrir doctrinas viables[2] de las embrolladas y conflictivas tradiciones del culto cristiano todavía inmaduro, sino que se esperaba que lo hiciera en la ciudad pagana más admirada y sofisticada de la Tierra.

Mucho antes del supuesto nacimiento virgen del salvador crucificado, Alejandría, con sus famosas escuelas y bibliotecas, nutría y formaba a las más grandes mentes del mundo del Mediterráneo y de Asia. Aquí la religión y la filosofía eran amantes y su unión motivó un ambiente dinámico de diálogo y debate. En más de una ocasión, Cirilo trató de expulsar a conversos de entre el cuerpo estudiantil de la Academia neoplatónica, sólo para quedarse mudo al darse cuenta, en forma desconcertante, que los filósofos inexpertos eran mucho más conocedores que él

---

2. A Cirilo se le atribuye el haber formulado el concepto de la Santísima Trinidad, una invención por la que fue, con el tiempo, canonizado.

respecto a las argucias e imperfecciones de su propia fe. Sin importar lo incómodos que fueron esos momentos, Su Excelencia los soportó debidamente. Le dieron la oportunidad de sufrir por su fe. Sin embargo, su paciencia se acabó cuando su fe y su reputación se vieron retadas por una brillante y carismática lumbrera de la Escuela neoplatónica de Alejandría, Hypatia, la más grande mujer iniciada del mundo antiguo.

Hypatia de Alejandría fue, sin lugar a dudas la pensadora más respetada e influyente de sus días. Hija de un gran matemático, Teón, tomó el puesto de honor que su padre ocupaba en la Academia e impartió cátedra por muchos años.

Desde Plotino, el padre del neoplatonismo, fue ella, más que ningún otro individuo, quien captó y comprendió el profundo potencial de esa escuela de pensamiento. Sus conferencias fueron muy famosas y atrajeron un flujo de hombres de letras, quienes vieron en el neoplatonismo la posibilidad de una orden espiritual realmente universal, una filosofía suprema, una religión trasparente que uniera a todas las religiones. Así fue la promesa dorada del neoplatonismo, e Hypatia de Alejandría fue su joven profetisa.

Preocupada por la continua degeneración del movimiento cristiano, su intolerancia para con las otras religiones y su peligrosa tendencia hacia los milagros y las maravillas, Hypatia comenzó una serie de conferencias públicas que trataban sobre el culto. Señaló las raíces paganas de la fe y de manera sistemática fue desenmascarando los absurdos y supersticiones que habían contaminado al movimiento. Después, con un poder y elocuencia que superaban la de cualquier apologista, puso en claro lo que ella entendía como los verdaderos tesoros espirituales que se encontraban en la sustancia y significado de las enseñanzas del "Cristo".

Los razonamientos de Hypatia eran tan persuasivos que muchos de los neófitos en el culto renunciaron a su reciente conversión y se volvieron discípulos de ella. Sus conferencias despertaron un enorme interés en el cristianismo, pero no en el cristianismo que había proclamado Cirilo, el Obispo de Alejandría.

Como no se sentía con la suficiente fuerza de carácter para tener una confrontación personal con Hypatia, Cirilo se aventuró a armar una campaña difamatoria en su contra, predicando a su congregación sucia y fanática que Hypatia era una amenaza para la fe, una hechicera en alianza con el Demonio. Estas diatribas o discursos violentos parecían tener muy poco efecto en la sofisticada población de la Alejandría urbana que empezaba a darse cuenta que el cristianismo del Obispo Cirilo era un culto que no se llevaba bien con los demás cultos. Sin embargo, en la lejanía del desierto de Nitrian, las palabras despreciables de Cirilo, casualmente llegaron al austero monasterio de Pedro, el Lector (quien leía enseñanzas u oraciones sagradas).

Años de predicaciones que se llevaba el viento y la conversión de escorpiones, había calificado a Pedro, de una manera especial, para ser la espada exterminadora del Príncipe de la Paz, y el pensamiento de una mujer poseída por el demonio que estaba atacando a su salvador, era más de lo que el hombre de Dios podía tolerar. Así pues, Pedro reunió una muchedumbre heterogénea de compañeros ermitaños y marchó a Alejandría para entrevistarse con oficiales de la iglesia de Cesarea, quienes le informaron que todas las tardes la desvergonzada Hypatia manejaba su propia carroza o cuádriga desde la Academia hasta su casa. Armados sólo con garrotes, conchas de ostras y la Gracia de Dios, Pedro y su muchedumbre emboscaron a Hypatia en una calle cerca de la Academia, la sacaron de su carroza y la arrastraron a la Iglesia de Cesarea, en donde la desnudaron y la golpearon con los garrotes, y finalmente, debido a un debate que estaba activo, sobre el estado eterno del alma si el cuerpo permanecía intacto, rasparon la carne de sus huesos con las conchas de las ostras. Las paladas de carne y los residuos de sus restos fueron retiradas para ser quemadas.

La reacción de la sociedad de Alejandría fue de confusión y conmoción. A la escuela neoplatónica le fue dado un golpe del que nunca se recuperaría. Aunque hizo un gran esfuerzo por distanciarse del incidente, Cirilo sacó mucha ventaja del suceso y utilizó el terror del momento para intimidar aún más a la ciudad, y estableció que la voluntad del Dios de los cristianos iba a ser defendida aún a riesgo propio.

El martirio de Hypatia no fue realmente el primer ejemplo de una verdad que enfrenta al mal y sufre una pérdida, pero marcó el inicio de un delirio de terror del cual la Civilización Occidental no se ha recuperado por completo. Aún las almas iluminadas que no sucumbieron a la locura universal, se vieron forzadas a florecer a pesar de las proyecciones desviadas de la pesadilla colectiva.

El crecimiento espiritual no es imposible en un contexto como ese, pero cuando el mundo percibe la sabiduría como ignorancia, cuando al amor se le mira como pecado y todo lo mejor que existe en el espíritu humano es condenado y reprimido, el camino que debe andar el que busca la iluminación da muchas vueltas paradójicas. En tales jornadas, nuestros compañeros son facinerosos y rebeldes; engendros de carácter sagrado en la blasfemia, la verdad sale de los labios de los falsos profetas, el cielo se busca en el infierno, y Dios es el Demonio mismo.

Capítulo VII

Los Demonios son Nuestros Amigos

¡Líbrame Señor del enorme temor y de la penumbra del infierno! ¡Libera mi espíritu de los gusanos de la tumba! Los busco en su espantosa morada sin pavura: Sobre ellos impondré mi voluntad, la ley de la luz.[1]

---

1. *The Magician* traducido de la versión de la versión del famoso Himno de Eliphaz Levi, en The Equinox, Vol I (1) London, Spring, 1909, (reimpresión por York Beach ME: Samuel Weiser, 1992), página 109.

VII

De vez en cuando me encuentro con algún colega mago que se consterna al descubrir que de cuando en cuando conjuro en una ceremonia algún demonio de la Goetia[2] para ayudarme con algún problema específico. Les es difícil conciliar asuntos tan detestables con mi supuesta dedicación al Gran Trabajo y preguntan por qué tengo que meterme con "espíritus malignos". Mi respuesta es muy sencilla, aunque rara vez satisface a quien indaga: ¡Es porque toda mi vida "los espíritus malignos" se han metido conmigo!

---

2. Consultar el Capítulo 2, *The Book of the Goetia of Solomon the King, Translated into the English Tongue by a Dead Hand and Adorned with Divers Other Matter Germane Delightful to the Wise, the Whole Edited, Verified, Introduced and Commented by Aleister Crowley.* (Sociedad para la Propagación de las Verdades Religiosas, Boleskine, Foyers, Inverness, Scotland, 1904) conocido como *The Lesser Key of Solomon.* Es el Primer Libro del Lemegeton (c.1687) traducido por S. L. Macgregor Mathers (the "dead Hand" mencionado arriba en su título completo) de British Library Sloane Manuscripts, números 2731 y 3648. La edición más reciente con grabados e ilustraciones de los espíritus por M. L. Breton y un prólogo de Hymenaeus Beta (York Beach, ME: Samuel Weiser, 1996).

Ahora bien, antes de que llames a los hombres de las túnicas blancas, creo que debo dar una explicación y hasta es posible que cambie tu opinión sobre los "espíritus malignos". ¿Quién sabe? Tal vez antes de que termines de leer esto, tú mismo quieras agarrar a uno de estos diablillos.

"Quisiera agradecer a todos esos diablillos que hicieron posible este momento"

Por más de treinta años, he visto la presentación de los Óscares y nunca me ha tocado escuchar que alguien mencione algún "duende" o "diablillo". No obstante, cada año en el podio, casi todos los ganadores de premios recitan una letanía nombrando al personal que estuvo detrás de las escenas o bien al personal de producción cuyo talento y trabajo contribuyeron al éxito de la película. Artistas, escritores, técnicos, instructores, proveedores —todos los individuos cuyos nombres son desconocidos y cuyas caras nunca vemos— se les reconoce por su talento y se les permite, por un instante fugaz, regodearse con el resplandor que ilumina a las celebridades. Algunas veces, si la persona a la que se le otorga el premio no piensa en las restricciones del tiempo (o muestra locuacidad debido a la inspiración de los químicos que inducen a la espontaneidad), divagará en una verborrea para agradecer a los agentes que lo representaron, a la esposa que lo apoyó, a los maestros que le dieron su merecida tunda y a los padres que lo engendraron.

En la emanación de calor de los reflectores, es muy probable que el ganador del Oscar olvide por un momento que todo ese éxtasis es el resultado de una jornada tortuosa a través del infierno, y la sarta de "diablillos" honrados de manera tan indulgente, no hubieran hecho *nada*, para hacer posible ese momento de gloria, si se les hubiera abandonado a sus propios medios. El representante parasítico, el director lascivo que selecciona a los actores, los coordinadores de los estudios cinematográficos, extraños e indiferentes, el actor celoso que comparte el estelar, el maquillador alcoholizado, los guionistas que se pusieron en huelga, el productor perverso y, ¡si queremos ponernos un poco freudianos, la sanguijuela de la exesposa, el maestro sádico y el padre abusivo! Todos estos "diablillos" y sus secuaces, sólo por ser quienes son, hubieran podido contribuir, con igual esfuerzo, a la máxima ruina de la estrella.

En lugar de eso, *algo* intervino para concentrar esa legión dispersa de energía bruta hacia una fin constructivo, alguna voluntad férrea, un director o un productor, con un puesto de autoridad y dotado del conocimiento específico para saber a quién estimular, a quién despedir, a quién amenazar, a quién tranquilizar, a quién seducir, a quién exhortar y tal vez aún a quién *destruir* para asegurarse de que todos los "diablillos" y los secuaces que laboran para ellos, se pusieran juntos a trabajar para lograr el éxito del proyecto.

Por supuesto que el estudioso del ocultismo práctico reconocerá en el escenario presentado, las características de la magia salomónica o de la Goetia. El empresario de la industria cinematográfica es el mago que invoca a un demonio o espíritu que opera bajo la autoridad divina del ser que guarda y dispone del dinero. Los "diablillos" son demonios que él invoca a su albedrío, y las oficinas, los estudios, los laboratorios y los talleres en donde trabajan para ganar su sustento, son las moradas infernales.[3]

Parece deliciosamente apropiado que la cultura subterránea de Hollywood refleje de forma ideal los *dramatis personae* (los personajes del drama) en un sistema de ocultismo práctico considerado por muchos como magia negra. Pero no tenemos que ver más allá de nuestra propia vida para darnos cuenta de que todos estamos atrapados en una compleja telaraña de evocaciones mágicas, por las cuales tratamos de imponer nuestra voluntad sobre el mundo, o el mundo trata de imponer su voluntad sobre nosotros. De hecho, a diario, cada uno de nosotros desempeña múltiples papeles en este conjuro. Somos magos grandes y poderosos ante el equipo de la liga menor que entrenamos, nuestros empleados,

---

3. El lector que ha visitado en el verano el Valle de San Fernando, cerca de Hollywood, sabe exactamente lo que es el infierno.

estudiantes y perros. De forma alterna somos demonios aduladores y esclavos de los jueces, patrones, oficiales de la policía y de los gatos. Tramamos, con astucia maquiavélica, poder moldear las circunstancias de nuestra profesión y de nuestra vida amorosa, pero con una obediencia sin brillo en los ojos, le pagamos a un asesor improvisado un viaje a Hawaii.

Es innegable que las analogías de la magia de todos los días son infinitas. Después de todo, en la definición más amplia del término, la magia es "la ciencia y el arte de provocar un cambio que sucede en conformidad con la Voluntad".[4] En la magia de la producción de películas, nos es relativamente fácil reconocer la jerarquía del trabajo y la reacción en cadena de los eventos que el director o el mago ponen en movimiento. Sin embargo, es más impresionante y ocasiona un susto mayor, cuando las cosas que queremos hacer, se producen por medio de una reacción en cadena que no podemos ver. Esto es magia de una naturaleza más específica. Para ejercer este poder, el mago tiene que estar dispuesto a ir al infierno.

Ordeno a la noche a que conciba al hemisferio resplandeciente. ¡Levántate, oh sol, levántate! ¡Oh luna, brilla blanca y diáfana! Los busco en sus moradas tenebrosas sin miedo alguno: Sobre ellos impondré mi voluntad, la ley de la luz.[5]

---

4. Aleister Crowley, *Magick in Theory and Practice* (Paris: Lecram Press, 1929; reedición, New York: Magickal Childe Publications, 1990).

5. Consultar nota al pie 1.

¿Qué es el infierno?[6] Los *Chrislemews* (cristianos, musulmanes y judíos) creen que es un entorno creado por Dios, un lugar de aislamiento y tormento. Supuestamente, los primeros ocupantes fueron los ángeles rebeldes acaudillados por Lucifer, que fueron arrojados del cielo por desobedecer el mandato original de Dios que ordenaba no adorar a nadie que no fuera Él. La narración nos dice que Dios estaba tan satisfecho con su nueva creación, la raza humana, que les dijo a las huestes celestes que olvidaran su primer mandato y bajaran y adoraran a Adán. Lucifer, quien no estaba en realidad muy impresionado con Adán, dedujo que era una mala idea y se negó a hacerlo (pensando con toda probabilidad que Dios con el tiempo se aburriría de su niño-juguete y volvería a sus cabales). Pues bien, debería ser obvio para todos que el Dios de los *Chrislemews* nunca entró en razón y su primera acción paranoica fue despedir de la compañía a los empleados más inteligentes y leales, sin embargo, antes de correrlos, creó un lugar a donde pudiera enviarlos, un lugar tan debajo de la Tierra como la Tierra está por debajo del Cielo: el Infierno.

Después, para que no hubiera ninguna duda respecto a quién era el padre de la familia menos funcional y adaptable del universo, Dios puso a la caterva de Lucifer a cargo de la conservación de la vida sobre la Tierra. Al Señor de los Infiernos también

6. "Helle" (Inglés Medio), "Hel" (Anglosajón), sólo significa escondido u oculto.

se le dio autorización para atormentar y jugar con la mente de la humanidad, hasta una fecha futura no especificada, en la que Dios distribuiría una última ronda de castigos; entre estos, un lugar especial en el Infierno para los miembros de la raza humana que, durante su vida, no hubieran observado la sabiduría de este plan divino.

Los lectores que tal vez hasta ahora no hayan adivinado mis sentimientos en lo concerniente a la opinión mundial del *Chrislemew* espiritual, pueden interrumpir su lectura y volver a encender el televisor. El resto de ustedes se deben estar preguntando, ¿por qué, si tanto desprecio la doctrina del cielo y del infierno, participo en ceremonias espirituales que en apariencia están basadas en esto? Mi respuesta para ser directo, es simplemente ésta: *porque funciona.*

Pero, no me mal interpreten. Yo *no* rindo culto al Dios *Chrislemew.* Tampoco creo en su demonio, cielo, infierno, juicio o redención. Sin embargo, yo *sí* creo que estos conceptos describen, si bien con rudeza, ciertas verdades fundamentales relativas a la naturaleza de la conciencia humana. Para aquellos de nosotros que tenemos cerebro, columna vertebral y sistema nervioso, los elementos estrafalarios del cuento de hadas del *Chrislemew* pueden ser muy auténticos, y aún contribuir a nuestro bienestar físico y a nuestro esclarecimiento espiritual si se reconocen y se manejan con destreza.

La ciencia nos dice que sólo utilizamos una porción muy pequeña de nuestro cerebro y que si empleáramos todo nuestro potencial, podríamos ejercer poderes semejantes a los de Dios, tal vez aún programar nuestra grabadora de videocasetes. Aleister Crowley escribió: "Los espíritus de la Goetia son fragmentos del cerebro humano".[7] Cada sección del cerebro está dotada con poderes especiales y dedicada a ejecutar tareas específicas. Los neurocirujanos saben que si se estimulan diversas áreas del cerebro por medio de una corriente eléctrica, el paciente reaccionará de diferentes formas. Si se pica o golpea en una parte, el dedo índice de la mano izquierda se acalambra, si se pica en otra, el paciente percibe un olor a quemado, o le viene a la memoria un recuerdo de su niñez.

¿Podría ser que en la matriz de los lugares más apartados del cerebro y que no han sido tocados, existen pequeñas áreas que si se bloquean, se estimulan y se dirigen en forma adecuada, son capaces de hacer toda clase de maravillas? Aún más interesante es la posibilidad de que el cerebro y el sistema nervioso representen sólo el espectro visible de una extensa mente invisible —una inteligencia universal que abarca el estado consciente de cada una de las mónadas o entes del cosmos. Si esto es así, nuestros cerebros son simples terminales de una enorme red de inteligencia, en la que las diferentes áreas funcionan

7. *The Book of the Goetia of Solomon the King*, página 17.

como los botones de un teclado que si se activan con destreza, pueden generar mensajes y disparar órdenes a los cuadrantes correspondientes del sistema universal.

Bajo este argumento, el debate sobre la realidad objetiva o subjetiva de los espíritus, se vuelve improcedente. El espíritu *micro*cósmico Goetic Sitri de cada mago, no sólo corresponde y se relaciona con los Sitri de todos los otros magos, sino que tiene una resonancia favorable con el gran Sitris *macro*cósmico.

Cuando invocamos a Sitri para que evoque o despierte la pasión de nuestra vecina, también nos codeamos y nos relacionamos con el mismo "hechizo" que atrae los magnéticos negativos hacia los positivos, ocasiona que se unan los átomos para formar moléculas y hace que Shakti (diosa suprema creada por la fusión de los poderes emitidos por los dioses masculinos), seduzca a Shiva (dios de la destrucción y de lo erótico).

Si un demonio de la Goetia es sólo el poder y el potencial de 1/72 del cerebro humano, ¿por qué se le considera un espíritu maligno?

¿Es acaso porque checa para Lucifer el marcador de tiempo y recibe bonificaciones por hacerte la vida imposible? ¿Es que te odia porque él está metido en el infierno mientras tú eres libre para ir a comer una pizza en tu Porsche y quedarte hasta tarde viendo la televisión?

Te guste o no, a todos se nos eriza el pelo con la colección completa (seis conjuntos de doce)[8] de demonios de la Goetia. En ocasiones, sin advertirlo, capturamos uno y lo ponemos a trabajar cuando nos vemos obligados a disciplinarnos para aprender una habilidad específica, o en tiempos de estrés cuando se nos exige recurrir al ingenio extraordinario, a la valentía o al talento. Sin embargo, la mayor parte del tiempo, ellos simplemente corren destruyendo todo a nuestras expensas, cuando les permitimos descargar su energía al azar en la dirección que presente la menor resistencia.

Son elementos de indomable fuerza natural que tenemos dentro de nosotros mismos y que hemos ignorado, negado y repudiado. Salen a la superficie para hacer sus maldades cuando nuestra voluntad es ambigua y nuestra resistencia anda baja.

Después de que has cometido una acción equivocada de increíble estupidez, realmente te estás refiriendo a *ellos* cuando te das de topes en la pared y gritas, "¡yo soy mi peor enemigo!" Mientras sean ignorados y no se les controle, son tan peligrosos

---

8. Consultar el capítulo II, Tabla 3 (entre las páginas (44-45). Los setenta y dos espíritus de la Goetia están distribuidos en pares (uno para el día y otro para la noche) para cada uno de los treinta y seis decans (periodos de 10 grados) del Zodiaco. Por consiguiente, se ha sugerido que ellos son los vestigios qliphothic de los setenta y dos espíritus del Shem-ha-Mephorash. Existe una controversia entre los magos modernos respecto a esta teoría, porque los espíritus del Shem-ha-Mephorash, aunque también asignaban en pares a los decans, por tradición, cada uno representaba *cinco grados* del decan original.

como las bestias hambrientas de un zoológico abandonado.

¿Es de sorprenderse que estén tan renuentes a ser citados en el triángulo? ¿Nos asombramos porque traten de asustarnos al tomar formas aterradoras para que desistamos de entrar en acción? Lo más conveniente es ser el patrón ausente de por vida de esta banda de rufianes, así que no podemos esperar que estén felices de vernos aparecer por primera vez en la puerta exigiendo que hagan la limpieza del lugar.

Además de ser tercos y espantosos, los espíritus de la Goetia se han ganado la reputación de "espíritus malignos" y se enfurecen bastante porque un porcentaje de magos, muy pequeño, pero que hacen mucho ruido, se involucran con fuerza en operaciones Goeticas. La causa de este vergonzoso fenómeno puede llevar a una obstrucción en la fórmula de evocación de la Goetia, a un desequilibrio en la ecuación fundamental. Para examinar esta imperfección, debemos regresar brevemente a los arquetipos del *Chrislemew* y revisar algunas de las actitudes y procedimientos de la evocación tradicional.

> *Sus rostros y sus formas son terribles y extrañas.*
> *Por mi poder cambiaré en ángeles, a estos demonios.*
> *Me dirijo, sin temor a estos horrorosos desconocidos:*
> *Impondré mi voluntad sobre ellos, la ley de la luz.*[9]

---

9. Consultar nota al pie 1.

El antiguo nigromante o hechicero se paraba con aplomo entre el cielo y el infierno. Él[10] se veía a sí mismo como el devoto y obediente servidor del omnipotente, omnisciente y omnipresente Dios de la Biblia. Él aspiraba a través de la observancia de sacrificios, austeridades y oraciones religiosas, llegar a ser digno de poseer los mismos poderes que Dios otorgó a Moisés, a Aarón y a Josué. Sólo al identificarse con sinceridad como un conducto de este poder divino, podía sentirse con facultad para convocar y controlar a los habitantes del infierno. Protegido por este escudo de la rectitud,

> [A]rmado con el poder de la Suprema Majestad, te ordeno con energía, por Aquel que habló y se hizo, y al que obedecen todas las criaturas... [p]or ese maravilloso y poderoso nombre de Dios, El fuerte y majestuoso... [A]donai, El, Elohim, Eloihi, Ehyeh Ashar Ehyeh, Zabaoth, Elion, Iah, Tetragrámaton (las cuatro letras de Dios), Shaddäi, Señor Dios Altísimo, te conjuro y te ordeno con toda fuerza...[11]

confiado en su conocimiento de la ley jerárquica del más fuerte del infierno,

---

10. Mis disculpas para los magos que son sensibles al género neutro en el siglo XX. Aunque no hay nada en absoluto, que impida a las mujeres para que puedan practicar la evocación de la Goetia, los textos clásicos asumían que el nigromante era un varón.

11. Consultar Aleister Crowley, *The Book of Goetia of Solomon the King*, primer conjuro, página 81.

[P]or Beralamensis, Barldachiensis, Paumachia
y las Apologiae Sedes; por los más poderosos
Príncipes, Genios, Liachidae, Ministros de la
Morada Tartarean y por el Príncipe Caudillo de
la Sede de la Apología en la Novena Legión...[12]

y embriagado por el balbuceo de una sarta de "palabras poderosas", rústicas y exóticas...

¡Arogogorobrao: Sothou: Modorio: Phalarthae:
Ooo: Ape![13]

el antiguo hechicero actuaba desde un punto de vista
sutil y equilibrado. Esta ecuanimidad se tenía que sostener aún mucho después de que hubiera terminado
la ceremonia de evocación. Si el mago se concentraba
y fijaba demasiado su atención *o* en el micro manejo
de los detalles del servicio de su demonio, *o* en ser el
instrumento inexorable de "la voluntad de Dios", las
semillas de la locura germinaban con rapidez.

El mago moderno también debe permanecer
ecuánime. Por desgracia he sido testigo de más de
una contingencia mental en el campo de batalla de la
Goetia. Una vez que se ha descubierto lo fácil que es
convocar a estas criaturas y con cuánta eficiencia
puedes hacer que obedezcan tus órdenes, se vuelve
muy tentador llamarlos a todos y querer que lo hagan

---

12. Aleister Crowley, *The Book of Goetia of Solomon the King,* página 81.

13. Aleister Crowley, *The Book of Goetia,* Invocación Preliminar de la
    Goetia, página 7.

todo por ti. La mayoría de las veces esto no es una buena idea. Es posible que pienses que estás convocando a los frescos vientos para que mitiguen el calor de tu frente, cuando es bochornosamente claro para todos tus antiguos amigos que lo único que estás logrando es perder la cabeza.

Aunque es cierto que no me considero el mejor mago de la Goetia, he practicado este arte por casi veinte años y me siento calificado para al menos dar mi opinión sobre el tema, e inclusive ofrecer algunos consejos. Siento que la evocación de la Goetia, puede ser una parte importante del arsenal de las habilidades de un mago moderno. Ante todo, es preciso que el mago establezca un vínculo vital con una conciencia más elevada, llámala Dios, el Santo Ángel Guardián, el Yo Superior, la Mente con una Conciencia Superior o lo que sea. En segundo lugar, para poder comprender su poder de penetración y ejercerlo, el mago se ve obligado a confrontar importantes cuestiones emocionales y defectos de carácter que, si se dejan sin resolver, seguirán entorpeciendo su evolución espiritual. Hasta en un ambiente clínico, dichas confrontaciones rara vez son agradables. Finalmente, debe lograrse un equilibrio en todos los aspectos de la vida de un mago, nivelando las aspiraciones espirituales más elevadas con los problemas y retos de la vida diaria. Si se ejercita de forma apropiada, no será sólo una magia poderosa, sino una receta para una buena salud mental.

En lo que concierne a la técnica misma de la evocación, creo que es mera cuestión de gusto artístico. Hay quienes, dado el respeto que tienen por la tradición y el sentido del arte, exigen que cada paso de la evocación se lleve a cabo con absoluta precisión como se perfila en los manuscritos de Sloane. Las evocaciones tradicionales hacen que uno se estremezca de emoción. El lector que ha tenido la suerte de presenciar una evocación dirigida por C. (Poke) Runyon en California del Sur, ha visto el trabajo de un auténtico maestro.

Personalmente, yo no utilizo las versiones clásicas de los conjuros y de las represiones, ni tampoco protejo mi círculo con los diversos nombres sagrados del *Chrislemew*. Creo que para poder identificarme con los personajes mitológicos, no tengo que resguardar mi círculo con nombres de dioses que no venero, ya que no sólo sería una hipocresía sino también un peligro. Sin embargo, reconozco e incorporo los elementos clave para hacer que esta forma de magia funcione:

- Utilizo el círculo y el triángulo y los rodeo con palabras y nombres sagrados para mí.

- En mi vestimenta empleo talismanes que ostenten el signo cabalístico del espíritu y los pentagramas y hexagramas de Salomón.

- En un rito o ceremonia me baño y me visto.

- Con la ceremonia adecuada purifico, consagro, proscribo y abro el templo.

- Produzco, por inducción, un trance de autoridad honesta por medio de la recitación del *Credo Gnóstico* y el *Cántico* de la Misa Gnóstica de Crowley.

- Recito la versión acostumbrada de la *Invocación Preliminar de la Goetia.*[14]

- En el idioma de Enoch, conjuro con la Primera Llamada y una breve convocación de Enoch.

- Doy la bienvenida al espíritu cuando éste aparece.[15]

- Doy una orden concisa y sin ambigüedad, y un tiempo limitado para que se cumpla, y le exijo al espíritu que haga un juramento de que se llevará a cabo.

- Lo autorizo para que se retire después de que le he dicho que seré un amo bondadoso y generoso siempre y cuando él me sirva fielmente. También informo al espíritu que si llegara a desobedecer, lo castigaré y si es necesario, lo destruiré.

- Disipo mis temores y espero hasta que todo vestigio de un sentimiento "fantasmal" desaparezca.

---

14. De *A Fragment of a Graeco-Egyptian Work upon Magic*, de un Papiro del Museo Británico, traducción de C.W. Godwin (Cambridge: Deighton; Macmillan; London: J.W. Parker: Oxford 1852), páginas 6 y 8.

15. No es necesario ver al espíritu para saber que ha llegado. Ten sensibilidad para "sentir" la presencia de otro ser consciente en la habitación, como cuando un perro o un gato te están mirando.

- Guardo el signo cabalístico del espíritu en un recipiente previamente preparado y quedo a la expectativa de alguna señal que me indique que está actuando en mi nombre. Si falla y no ejecuta la tarea en el tiempo prescrito, vuelvo a conjurarlo y torturo su signo en el fuego mientras le recuerdo su pacto original. Si vuelve a fallar, vuelvo a invocarlo una vez más, destruyo por completo su sello y no vuelvo a reconocer su existencia.

  Nota: Pronto te quedarás sin espíritus si demandas cosas atroces o absurdas. El libro compendia lo que estos tipos hacen. No seas un insensato.

He descubierto que no es prudente evocar un espíritu para solucionar un problema hasta estar seguro de que he agotado todas las otras rutas para resolverlo. Si quieres lastimar a alguien, es mucho más efectivo (y mucho más doloroso) darle un buen golpe en la nariz y sufrir las consecuencias. El hecho de que le solicites a un espíritu de la Goetia que lo haga por ti, sólo le deja ver al demonio que eres un cobarde y no eres digno de un servicio hecho con lealtad.

No puedo afirmar que cada conjuro que he hecho haya sido un éxito. Por el contrario, varios me han estallado en la cara. De hecho, estos "fracasos" me han enseñado más que los propios éxitos. Confieso que en más de una ocasión el proceso logró, de manera espléndida, sacar lo peor de mí y me obligó a manejar mi molestia en el acto. En última instancia, eso es exactamente lo que se supone que debe suceder.

> *Estos son los fantasmas pálidos de mi visión pasmada,*
> *Mas nadie sino yo renovar puede su maldita belleza;*
> *Porque al abismo del infierno me sumerjo sin temor;*
> *Sobre ellos impondré mi voluntad, la ley de la luz.*[16]

Durante el transcurso de mi vida, he tenido el privilegio de conocer a un buen número de individuos a quienes he considerado, bajo cualquier definición, grandes magos. Algunos son estrellas respetables en el firmamento mágico cuyos nombres son conocidos por muchos en nuestra cultura oculta. No obstante, la mayoría son mujeres y hombres normales que han logrado la iluminación en forma callada y que con un gran arte están empezando a ejercer su voluntad sobre el mundo. Un rasgo característico que todos ellos tienen en común, es un rechazo modesto a ocultar sus fallas y sus limitaciones. De hecho, la magia de sus vidas parece estar construida sobre su habilidad para transmutar sus desventajas en ventajas. Estos magos modernos buscan la verdad aún en sus propias barrabasadas y nunca encubren sus imperfecciones con el poder de sus palabras. No huyen de sus demonios ni tratan de destruirlos. Al contrario, los capturan, uno a la vez, y los obligan a reconocer quién es el que manda, los limpian y los alimentan

---

16. Aleister Crowley, *The Equinox, Vol. I (1)*, página 109.

con energía verdadera y con trabajos auténticos que puedan realizar.

Del Rey Salomón, por creencia el Gran Maestro de esta tradición mágica, se dice que construyó el gran templo de Dios con el trabajo organizado de algunos demonios. Este hombre de Dios, sincero y poderoso, quien de forma intrépida sondeó los reinados infernales para la gloria de su deidad, es, sin duda alguna, un icono adecuado del arte mágico que lleva su nombre. Presiento que si conjuráramos a Salomón para que se hiciera visible y le preguntáramos cómo logró tal perfección, el mago sabio nos contestaría sencillamente diciéndonos a todos "¡Váyanse al diablo!".

Notas sobre el Autor

Aunque Lon Milo Duquette toma muy en serio el tema del ceremonial de la magia, también trata de recordar que él no se debe tomar tan en serio. Esta extraordinaria combinación del sentido común y del buen humor, le han ganado, en los últimos diez años, una posición muy respetable en el mundo moderno del ocultismo.

Desde 1975, Duquette ha ocupado el puesto de funcionario nacional e internacional de la Orden del Templo del Oriente, una de las sociedades mágicas más influyentes del siglo XX. Es una autoridad reconocida en la vida y magia de Aleister Crowley, el socio de más renombre de la O.T.O.

Su libro *The Magick of Thelema: a Handbook of the Rituals of Aleister Crowley*, publicado por Samuel Weiser, se considera un clásico en su campo y ha sido aclamado como el primer manual de utilidad para los rituales de magia de Thelema.

En 1991, el famoso autor y ocultista, Christopher S. Hyatt, PhD., le pidió que fuera coautor de una serie de libros que tratan los conceptos fundamentales y

las implicaciones psicológicas de la magia ceremonial. En 1991 tuvo el privilegio de ser invitado
por Magickal Childe Publishing, para escribir la
introducción de uno de los textos mágicos más importantes de todos los tiempos, Meric Casaubon's *A
True and Faithful relacion.*, los diarios mágicos del
Dr. John Dee.

Su libro *Tarot and Ceremonial Magick*, publicado
por Samuel Weiser en 1995, junto con una baraja o
conjunto de naipes (U.S. Games Systems, Inc., 1995)
lo elaboró junto con su esposa, Constance, para darle
vida a la aplicación práctica de la Magia de Enoch, a
la Evocación de la Goetia y a la astrología.

Los Ángeles, Demonios y Dioses del Nuevo Milenio,
trae consigo, a una audiencia nueva, muchos años de
sabiduría y práctica.

Lon y Constance DuQuette viven en Newport
Beach, California.

TÍTULOS DE ESTA COLECCIÓN

Impreso en Offset Libra

Francisco I. Madero 31

San Miguel Iztacalco,

México, D.F.